dtv

»Wir glauben, dass das gute Leben etwas mit einem maßvollen Leben zu tun hat«, meinen die Psychotherapeuten Peter Uffelmann und Tobias von der Recke. So plädieren sie dafür, im gegenwärtigen Terror des Schneller-Höher-Weiter einmal innezuhalten und die eigenen Bedürfnisse, Wünsche und Visionen zu überdenken: Wo tut Beschränkung wohl und wo lässt sich aus der Fülle der Möglichkeiten und dem Fundus eigener Fähigkeiten schöpfen? Wie gehe ich gut mit meiner Vergangenheit um? Wie schaffe ich Ordnung in meinem inneren und äußeren Leben? Wie finde ich die richtige Balance zwischen Anpassung und Autonomie in der Beziehung? Wo ist mein Platz in der Arbeitswelt der Zukunft? Von ihrer eigenen Suche nach dem rechten Maß haben die Autoren zahlreiche Anregungen sowie hilfreiche Techniken und mentale Orientierungskarten mitgebracht. Mit viel Humor zeigen sie, dass ein maßvolles Leben keineswegs ein langweiliges und leidenschaftsloses sein muss.

Peter Uffelmann, geboren 1954, ist seit 1984 Psychotherapeut in freier Praxis, daneben Lehrtherapeut am Düsseldorfer Fritz-Perls-Institut, Leiter von »Competto – Training und Beratung« in München, integrativer Gestalttherapeut und Supervisor. Von ihm ist 2000 erschienen ›Verzeih dir selbst‹ (dtv 34086).

Tobias von der Recke, geboren 1958, war nach dem Studium der Psychologie zehn Jahre Leitender Psychologe in der Kinder- und Jugendpsychiatrie. Er ist Psychotherapeut in freier Praxis, seit 1993 in Beratung, Weiterbildung und Supervision tätig und Leiter von »Competto – Training und Beratung«.

Peter Uffelmann

Tobias von der Recke

Das rechte Maß

oder
Die Kunst der Selbstbeschränkung

Deutscher Taschenbuch Verlag

Von Peter Uffelmann
ist im Deutschen Taschenbuch Verlag erschienen:
Verzeih dir selbst (34086)

Competto – Training und Beratung:

Peter Uffelmann
Tobias von der Recke
Landsberger Straße 146
80339 München

Internet: http://www.competto.de

Originalausgabe
September 2004

www.dtv.de

Umschlagkonzept: Balk & Brumshagen
Umschlagabbildung: © Corbis/Images.com
Gesetzt aus der Janson Text, 10,25/12,25·
Gesamtherstellung: Druckerei C. H. Beck, Nördlingen
Gedruckt auf säurefreiem, chlorfrei gebleichtem Papier
Printed in Germany · ISBN 3-423-34119-X

Inhalt

Vorwort

Wir glauben, dass das gute Leben etwas mit einem maßvollen Leben zu tun hat: Wir wissen zwar nicht, was das rechte Maß ist, wir wissen aber, dass der Mensch, will er denn gut leben, nicht darum herumkommt, für sich das rechte Maß zu finden.

Leben ist – so betrachtet – ein kontinuierlicher Suchprozess, quasi eine nicht endende Expedition zum rechten Maß. Und für diese Expedition haben wir so manche hilfreiche Fragen dabei, Techniken und Hilfsmittel, reiche Erfahrungen mit Scheitern und einige mentale Landkarten zur Orientierung.

Mit diesen Navigationshilfen im Rucksack laden wir die Leserinnen und Leser ein, mit uns nach Utopia zu reisen, wo das rechte Maß schon selbstverständlich geworden ist. Erfolgreich wird diese Reise allerdings erst, wenn wir uns unterwegs Utopias entledigen und uns mit Humor, Bescheidenheit und einer guten Portion Selbstsorge Erfahrungen eigener Maßlosigkeit verzeihen und angesichts genereller Entmaßung nicht depressiv werden.

Ausgangspunkt unserer Reise ist Peter Uffelmanns kleiner Rundgang durch die Phänomenologie des Messens, der notwendig in der Feststellung endet, dass wir schon alltäglich ums Maßnehmen gar nicht herumkommen. Wir machen dann einen kurzen Ausflug in die Geschichte des Messens und der Maßeinheiten und entdecken, dass selbst verbindliche Maße im Verlauf historischer und sozialgeschichtlicher Entwicklungen einen durchaus relativen Charakter annehmen.

Gerne hätten wir dann, schon aus Gründen der Psychohygiene der Autoren wie der Leserschaft, in einem zweiten Kapitel aktiv, aggressiv und humorvoll über das ganze Panorama des verlorenen Maßes geschrieben. Wir haben es dann gelassen, weil es eigentlich genügt, morgens die Zeitung aufzuschlagen oder Nachrichten im Radio zu hören. Wo jedes Maß verloren gegangen scheint, mögen Sie also bitte selbst den Ihnen zur Verfügung stehenden Medien entnehmen, und wir wenden uns derweil dem eigentlichen Ziel unseres Vorhabens zu, dem Versuch, sich wieder um das rechte Maß zu mühen.

›Die Kunst des Maßnehmens‹ beginnt mit der Einladung von Tobias von der Recke, ein wenig in die eigene Vergangenheit zu blicken, weil wir glauben, dass wir das rechte Maß in unserem Leben leichter finden, wenn es in einem gemäßen Verhältnis zu unseren Wurzeln und zu unseren Vorfahren steht. Bei diesem Versuch angemessener Vergangenheitsbewältigung halten wir uns aber auch an den guten Paul Watzlawick, der nicht aufhört zu mahnen, dass nur Esel das Gras abfressen, das gerade so schön auf den Wunden der eigenen Geschichte angewachsen ist. Den unter KollegInnen verbreiteten Anspruch, alle Erfahrungen bis zum Beginn der Schwangerschaft (am besten noch früher) aufzuarbeiten, halten wir jedoch tendenziell eher für eine Gefahr, das rechte Maß zu verlieren und gute Chancen der Selbstregierung zu verspielen.

Nach diesem Rückblick wenden wir uns zuversichtlich aktuellen Bereichen unseres Daseins zu.

Im Kapitel ›Zur Kunst des Entsorgens und Aufbewahrens‹ beschäftigt sich Tobias von der Recke mit der interessanten Frage, wie ein gutes Maß zwischen Aufbewahren und Entsorgen zu ermitteln ist. Entscheidend sind hier keine Kilogramm- oder Kubikmeterangaben, sondern letztlich die ehrliche und liebevolle Entscheidung, wovon ich mich im Herzen gut trennen kann beziehungsweise sollte. Mit welchen Vor- und Nachteilen kann ich rechnen, wenn ich dies, jenes oder beides aufbewahre?

In kaum einem anderen Bereich unseres Lebens gibt es so viele Auseinandersetzungen um das rechte Maß wie in zwischenmenschlichen Beziehungen. Jeder neuen Partnerschaft wohnt der schöne Zauber inne, jetzt könnte ich endlich satt werden, weil es die/der Geliebte wie kein(e) andere(r) versteht, all meine alten, tiefen und unerfüllten Wünsche zu erfüllen. Und jede Partnerschaft muss sich mit der Enttäuschung auseinander setzen, dass auch diesmal Wünsche offen bleiben. Im Kapitel ›Zum rechten Maß zwischen Autonomie und Abhängigkeit‹ gibt Tobias von der Recke deshalb einige Anregungen, wie Beziehung trotzdem gelingen kann, selbst wenn es so aussieht, als müssten wir uns mehr denn je auch mit der Halbwertszeit von Partnerschaften friedvoll auseinander setzen – doch dafür gibt es Gott sei Dank noch keine verbindlichen Richtwerte.

»Wir leben, um zu arbeiten, und wir arbeiten, um zu leben«, sind bekannte Sprüche, die sich den Anspruch auf Wahrheit wahrscheinlich teilen können. Jedenfalls sind wir im Berufsleben stark mit Fragen des rechten Maßes konfrontiert – am deutlichsten vermutlich mit den seelischen und körperlichen Folgen, wenn nämlich der Blick auf Angemessenheit (aus welchen Gründen auch immer) längst verloren gegangen ist. Im Kapitel ›Gut leben – erfolgreich arbeiten‹ verrät Ihnen Peter Uffelmann gerne unsere Haltung zu gutem Leben und erfolgreicher Arbeit. Konkrete Anregungen und Erfahrungen mögen Ihnen hilfreich sein, eine eigene, angemessene Haltung zu entwickeln.

Weil wir wissen, wie es ist, wenn die Hose nicht mehr richtig zu geht, haben wir uns auch viel mit Bewegung, Sport, Fitness und all diesen Dingen beschäftigt. Wir haben uns dabei ausschließlich dem Ziel des Wohlbefindens verschrieben, und Peter Uffelmann gibt Anregungen, was helfen kann, sich immer wieder wohl zu fühlen. Sich immer wohl zu fühlen halten wir allerdings eher für ein maßloses Ansinnen, weil wir letztlich der Meinung sind, dass menschliches Leben nicht auf Glück ohne Grenzen angelegt ist. Ob dafür der Sündenfall im Paradies, biochemische Konstruktionsfehler oder historische Entwicklungen verantwortlich sind, bleibt Erörterungen in anderen Werken vorbehalten.

Schon weil wir selbst so gerne essen und trinken, war es selbstverständlich, diesem schönen und doch für viele Menschen mit Schmerzen verbundenen Thema ein eigenes Kapitel – ›Slow Food und die Lust am Nein‹ – zu widmen. Einmal mehr werden wir im Paradoxen landen, wenn Tobias von der Recke genussvoller Fülle das Wort redet (garantiert ohne Kalorienangaben) und gleichzeitig von lustvollen Aspekten des Verzichts berichtet. Und wenn wir nach einigen Absätzen irgendwo zwischen den Grenzbereichen vorhandener Ernährungsphilosophien gelandet sind, laden wir Sie gerne in unsere bewährte Versuchsküche zu einem schönen Abendessen ein, das Sie garantiert für Ihre Liebsten nachkochen können.

Wir beschränken uns auf die eigene Philosophie des Umgangs mit Maßen, die Peter Uffelmann im letzten Teil des Buches – ›Die Kunst der Selbstregierung‹ – zusammenfasst, wenn wir unsere Reise an den Stationen Selbstsorge, Selbsterfindung und Lebensstil zu Ende bringen und schließlich bei der Hoffnung ankommen, dass alle Beteiligten in Maßen zufrieden sind. Deutlich dürfte dann geworden sein, dass ›Das rechte Maß‹ nicht in die inflationäre Reihe wohlgemeinter Ratgeber einzureihen ist (da ist das Maß längst voll), sondern den aufrichtigen Versuch darstellt, Sie zu eigenen Expeditionen einzuladen, die Sie zur Entdeckung des rechten persönlichen Maßes führen. Und wenn Sie auf diesem Weg den unseren wieder einmal kreuzen sollten, freuen wir uns sehr auf einen reichhaltigen Austausch.

Auch das Verfassen dieses Buches war so eine Expedition seiner Autoren, das rechte Maß zu finden. Wir hatten viele, viele kleine und größere Besprechungen. Peter berichtete von seinen gedanklichen Ausflügen, seinen Begegnungen mit neuer Literatur und Texten aus dem Internet sowie möglichen Bausteinen des Buches, das es jetzt zu schreiben galt. Tobias von der Recke übernahm eher den Part, einen roten Faden zu finden, ihn weiterzuspinnen, um schließlich das Buchprojekt in zu verfassende Kapitel zu gliedern. So lässt sich in Kürze unser Modell der »Selbstregierung« beschreiben, ein kontinuierlicher, gemeinsamer Suchprozess zwischen immer neuen Visionen und wachsendem Boden unter den Füßen.

In diesem Prozess übernahmen wir ganz automatisch angestammte und vertraute Rollen (man soll ja auch durchaus tun, was man am besten kann), litten natürlich immer wieder daran (»Ich habe keine Lust mehr, immer ...«) und erreichten dann über kommunikative Integrationsprozesse (»Wir müssen mal wieder über unser Buch sprechen ...«) gelegentlich die nächste Stufe.

Bei diesem ganzen Unternehmen haben wir immer wieder gut für uns gesorgt – jeder für sich und jeder für den anderen –, haben so die Abhängigkeit voneinander noch einmal neu schätzen gelernt, aber auch unsere Autonomie in produktiver Weise erlebt. Und so hat uns die Entstehung des Buches auch die schöne Erfahrung beschert, dass es nicht nur darum geht, ums rechte Maß zu ringen, sondern dass es einem manchmal auch geschenkt wird. Und dafür sind wir sehr dankbar.

Jetzt aber gute Reise!

Das Mass ist voll

Für viele, wenn nicht für die meisten Menschen in den westlichen Industrieländern sind die satten Jahre vorbei. Satte Jahre ohne wirkliche Sättigung, obwohl wir im Winter Erdbeeren oder frischen Spargel essen können, obwohl wir uns Autos leisten, deren durchschnittliche PS-Zahlen jährlich ansteigen (die Kosten natürlich auch), obwohl wir auf Mauritius Urlaub machen und Milliarden Euro für die Illusion ausgeben, unsterblich zu sein, wenn wir uns aktiv gegen das Altern zur Wehr setzen. Ganze Heerscharen von Chirurgen bewaffnen sich mit Skalpellen und bekämpfen den Skandal der menschlichen Endlichkeit.

Natürlich wollen wir gesund und schön sein, erfolgreich und mächtig. Unsere biologische Ausstattung ist jedoch nicht so perfekt, wie wir uns dies wünschen. Sie ist anfällig und verletzbar durch Überlastung, Stress und durch einen unmäßigen Lebensstil. Die Kosten für medizinische Leistungen sind in unserer Zeit enorm gestiegen, so als ob wir uns krank gelebt und gekauft hätten. Auch wenn die Natur auf Vielfalt, Fülle und Verschwendung ausgelegt ist, werden wir durch Unmäßigkeit, Gier und ein Zuviel krank und träge. Es gibt keine wirklichen Antreiber mehr, nur noch die Mühsal des Konsums, und möglicherweise wird unsere Kultur wie andere Hochkulturen auch an dieser Dekadenz zu Grunde gehen.

Trotz aller Warnungen stehen die Zeichen nach wie vor auf »höher, schneller, weiter«. Konzernvorstände verpflichten Mitarbeiter auf zweistellige Wachstumsraten, Produktentwicklungszeiten müssen reduziert werden, Halbwertszeiten von Wissen in allen Forschungsbereichen werden kürzer und die Abfindungen für erfolglose Manager oder Trainer immer höher. Trotz vier Millionen Arbeitsloser klagen viele Arbeitnehmer über Arbeitsüberlastung, Stress, Mobbing und eine zunehmende Lustlosigkeit, überhaupt zur Arbeit zu gehen. Soziale Unterstützungen werden radikal gekürzt, die Kommunen sind pleite und die Politiker werfen sich gegenseitig Versagen vor. Es wird auf hohem Niveau geklagt ohne wirkliche Not. Bisweilen ist die Klage vieler Gutverdienender eine Nötigung und entbehrt jeder Grundlage.

Wachstumsmythen verbinden sich mit Erlösungswünschen, eine folie à deux, die die Brüchigkeit des Lebens verleugnet, indem sie alle Lebensbereiche ökonomisiert und nach Kosten-Nutzen-Berechnungen organisiert. Selbstverständlich macht es dann keinen Sinn, einer achtzigjährigen Frau für teures Geld ein neues Hüftgelenk einzupflanzen, es sei denn, sie bezahlt es selbst.

Die Menschen sind von einem Virus befallen: Alles dreht sich um Macht, Geld und Erfolg, die Dreieinigkeit einer Religion, die quantifizierbar, berechnend und auf eine besondere Weise ehrlich ist. Das Spiel ist nicht neu und hat es in der Menschheitsgeschichte schon immer gegeben. Neu ist, dass so viele Menschen an dem Spiel teilnehmen können, und das macht den Verteilungskampf so verheerend und unmenschlich. Die Ideologie der Individualisierung erhebt den Einzelnen zum ultimativen Maß. Die Erfüllung seiner Bedürfnisse ist oberstes Prinzip. Die Einbindung und Überlebensfähigkeit des Einzelnen in einer Gemeinschaft wird dabei übersehen.

Wir sind zu Süchtigen, Infizierten verkommen, krank und abhängig von der Gunst und Gnade wirtschaftlicher Güter, die Glück und Erfolg verheißen.

Eine kollektive Orgie der Entgrenzungen hat dazu geführt, dass wir die warnenden Signale, dem Rausch ein Ende zu setzen, nicht mehr wahrnehmen wollen. Der Überfluss, aber auch das Überfließen des Begierdenstroms über die Begrenzungen des Kontostandes und der realen finanziellen Möglichkeiten der Menschen haben die Sensibilität für ein gutes Maß narkotisiert. Sie haben auch dafür gesorgt, dass das Wissen über die Herkunft der Dinge (Strom kommt bekanntlich aus der Steckdose) verloren geht. Ältere Gymnasiasten können komplizierte Kurvenberechnungen vornehmen, sie wissen aber nicht mehr, wie aus Getreide Mehl gewonnen wird. Die Vergangenheit wird eliminiert, Gegenwart und Zukunft sind die Erlösungshorizonte für ein glückliches und erfolgreiches Lebens, wie es uns von den Medien täglich, stündlich suggeriert wird.

Die Heroen und Fürsten der Musik- und Filmbranche, diese smarten Vorzeigemanager, deren scheinbar sorgenfreies Leben wir finanzieren, sind die kläglichen Wegweiser in unserem Leben. Und wir sind gerne bereit, ihren Lebensstil auch weiterhin zu finanzieren, wenn sie uns nur Einblick verschaffen in ihre Affären, ihre Krankheits- und Familienschicksale, damit wir sehen können, dass sie ganz normale Menschen sind, verletzbar wie wir alle.

Bisweilen freuen wir uns über das Scheitern der Mächtigen, Reichen und Erfolgreichen, weil es unser eigenes Scheitern aushaltbar macht.

Wir sind Getriebene, weil wir obsessiv an ein Mehr glauben, ohne ein mögliches Zuviel in Betracht zu ziehen. Diesem tyrannischen Mehr an Geld, an Sex, an Autos, an Umsatz und Gewinn, an Macht steht ein Weniger an Sinn, Zuversicht, Dankbarkeit gegenüber. »Genug ist nicht genug, ich will alles und noch viel mehr«, lautet die Devise, und selbst die Kleinsten und Jüngsten unserer zivilisierten Bevölkerung wissen, wie sie dieses Mehr nachdrücklich einfordern können.

Das Wissen darum, was satt macht, was die Seele wirklich befriedet, scheint abhanden gekommen zu sein. Wir sind gleichsam hoch erregt von den Verlockungen eines scheinbar freien und selbstbestimmten Lebens und müde von den vergeblichen Bemühungen, unserem eigenen Ideal zu entsprechen. Niemand gebietet Einhalt, kein Stoppschild erinnert uns daran, dass wir sterblich sind und begrenzt. Wir befinden uns in einer Sucht ohne eigentliche Suche und wir müssen noch nicht einmal etwas dafür tun, um an die Droge heranzukommen, die Droge idealer Lebensentwürfe. Wir bekommen sie in jeder Buchhandlung, im Fernsehen, im Kino, und von den Werbeplakaten auf Straßen und Plätzen lächeln uns die Schönen an und rufen: »Kaufen, kaufen, kaufen!«

Unsere Ruhelosigkeit wird belohnt mit neuen Bildern schrecklicher Katastrophen, die uns wissen lassen, dass alles noch schlimmer hätte kommen können. Das Schwierige an dieser Situation ist die Weigerung, sich diese Sucht einzugestehen. Stattdessen wird eine diffuse Unzufriedenheit mit allem und jedem kundgetan, so als sei das Leben dazu da, den so Geschundenen dauernd Wiedergutmachung zu leisten.

Was tun?

Simplify your life, sagen die einen, die anderen gehen ins Kloster und meditieren, und wiederum andere klagen und jammern und füllen die innere Leere mit Konsum. Bewältigungsstrategien gibt es viele, manche funktionieren, andere versagen kläglich.

In den siebziger Jahren boomte die Psychotherapie, sie ersetzte oder ergänzte die Erlösungsvision des Wirtschaftswunders durch die Idee der Selbstbefreiung. Die Wachstumsmythen der Industriegesellschaft gingen synchron mit der Wachstumsideologie humanistischer Therapieschulen.

Die Enthemmung der Wirtschaftskräfte und der Märkte durch den Wegfall unnötiger Reglementierungen entsprach der Vorstellung einer Gesundung der Seele durch die Eliminierung der verinnerlichten Verbote. Katharsis, Ekstase waren die Erfahrungsströme der Befreiung. Doch die erhofften Wirkungen blieben aus.

Im Anschluss suchten wir unser Glück in esoterischen Heilslehren, die uns mit vorgeburtlichen Erfahrungen in Kontakt bringen wollten und unsere wahre Existenz nicht in ein zukünftiges Jenseits, sondern in ein vergangenes Jenseits verlegten. In den Neunzigern boomte der Motivations-, Glücks- und Erfolgsterrorismus mit Verheißungen von kurzfristigen finanziellen oder beruflichen Quantensprüngen wie »Du erreichst alles, wenn du nur willst.«

Der Weg zur finanziellen Unabhängigkeit war von nun an der Königsweg zum besseren Leben: Dass dies auch nur eine Variante des modernen Rattenfängertums gewesen ist, merkten die meisten (so genannten »Kleinanleger«) leider zu spät. Erst Selbsterfahrung, dann Selbsttranszendenz und am Schluss Poker mit Spareinlagen. Beides, die Innenschau und die materielle Außenorientierung, waren jenen dienlich, die damit Geld verdienten. Das ist auch gut so und wird weiterhin so bleiben.

Allerdings wäre es allmählich an der Zeit innezuhalten, um unsere Bedürfnisse, Wünsche, Visionen neu zu überdenken. Es wäre notwendig genauer zu prüfen, wofür wir Geld ausgeben wollen, wo wir uns begrenzen und Verzicht üben und an welcher Stelle wir aus der prallen Fülle unserer Fähigkeiten und Fertigkeiten schöpfen wollen. Geben, ohne sich zu verausgaben, nehmen mit dem Wissen, wie und wozu das Genommene zu gebrauchen ist. Innehalten bedeutet auch, diesem Terror des Höher-Schneller-Weiter etwas entgegenzusetzen, das ebenso kraftvoll wirkt, damit sich die Balance zwischen schnell und langsam, zwischen verändern und bewahren, zwischen einem Zuviel und Zuwenig herstellen kann. Entschleunigen, Besinnen, Vereinfachen, Ausmisten, Begrenzen, Nähern usw. könnten gute Strategien sein, einen solchen Gegenpol aufzubauen.

Bei allem geht es um die Suche nach dem guten Leben. Diese Suche wird nie abgeschlossen sein, weil sich die Wünsche und Sehnsüchte mit dem Älterwerden verändern. Dass das gute Leben auch jenseits der medialen, psychologischen und finanziellen Exzesse stattfinden kann, ist unsere tiefe Überzeugung. Dabei geht es nicht um Askese und schmerzvollen Verzicht, sondern darum, der Lust am Ja die Lust am Nein dazuzugesellen. Die Lust am Nein kann durchaus vergnüglich und erfolgreich praktiziert werden, weil sie ein starkes Ja zu sich selbst und zu allem, was wir als lebenswert erachten, beinhaltet. Selbstbestimmung setzt dort ein, wo wir in der Lage sind zu wählen.

Ich wünsche dir das rechte Maß

Wer maßlos ist schon insgeheim
beim Wünschen und Verlangen,
dem wird Enttäuschung sicher sein,
er kann kein Glück erlangen.

Drum wünsch' ich dir das rechte Maß.
Du brauchst es zu fast allen Dingen
des Tätigseins, soll dir dein Plan
nicht gleich von Anfang an misslingen.

Selbst deinen Ehrgeiz darfst du nicht
so maßlos übertreiben.
Es kann getrost ein Rest von Pflicht
auch für den nächsten Tag noch bleiben.

Nicht nur gesundem Tatendrang,
auch unbekümmertem Pausieren
bringt Schaden jeder Überschwang.
Es gilt, das Maß nicht zu verlieren.

Ganz anders ist es, wenn du liebst,
da darfst du es vergessen,
dass du den Maßstab sanft verschiebst:
Das Maß der Liebe lässt sich nicht ermessen.

Elli Michler

Teil I
Es liegt ein Mass in jedem Ding

Ein Leben ohne Maß – undenkbar. Wir messen, wiegen, zählen, urteilen, weil wir uns nur so in der Welt orientieren können. Schon kurz nach der Geburt werden wir vermessen. Name, Gewicht und Körpergröße sind die ersten Identifikationsdaten, die Freunde und Angehörige des Neuankömmlings auf Erden per Grußkarte erhalten. Es folgt ein ganzes Leben voller Messungen, kein Bereich bleibt davon ausgenommen.

Wir können nur eine bestimmte Menge Nahrung zu uns nehmen, ohne uns zu schädigen. Wir brauchen ein paar Stunden Schlaf, um massive gesundheitliche Risiken zu vermeiden. Auch können wir uns nicht unbegrenzt sportlich betätigen. Leistungsmessungen in der Schule entscheiden über Versetzung oder Nichtversetzung. Unser Kreditrahmen auf dem Bankkonto begrenzt unsere Ausgaben. Selbst wenn wir Kuchen backen, kontrollieren wir auf der Küchenwaage, ob wir auch nicht zu viel Mehl verwenden.

Unsere Alltagshandlungen verlaufen genau genommen von einer Messung zur nächsten: Ein Zifferblatt oder ein Display, auf dem Zahlen sichtbar sind, erinnert uns unter Zuhilfenahme eines lauten Tons daran, dass die Schlafenszeit zu Ende ist. Möglicherweise stehen wir fluchend auf und begeben uns ins Badezimmer, wo wir mit Erschrecken feststellen, dass die Zeit ein paar Falten mehr in unser Gesicht gegraben hat. Wir erinnern uns an Fritz, den alten Schulfreund, und vergleichen unser Spiegelbild mit seinem jugendlichen Gesicht. Richtig gut sah er aus auf dem letzten Klassentreffen. Wenn wir dann die Zahnbürste notgedrungen in den Mund schieben, um den Restbestand der gepeinigten Zähne zu säubern, blitzt das Gesicht des Zahnarztes auf, aus dessen Mund zu hören ist: »Mindestens drei Minuten und denken Sie daran, vom Zahnfleisch zu den Zähnen bürsten!« – Das ultimative Maß gesunder Zähne!

Damit nicht genug. Die Säuberungsaktion des frühen Tages mündet in ein Obstfestival, unterstützt von der Deutschen Gesellschaft für Ernährung, weil dieselbe mit der 5+ Kampagne die Angst vor einem Oxidantienübergriff schürte und nun dafür sorgt, dass man seine Halbtagesration Obst bereits beim Frühstück hinunterwürgt. Natürlich würden wir lieber drei Spiegeleier mit Speck zu uns nehmen, doch die Cholesterinwerte bei der letzten Routineuntersuchung verbieten die Erfüllung dieses Wunsches. Nachdem die Scheibe Vollkornbrot mit der abgemessenen Menge Butter bestrichen und mit Appetit gegessen wurde, kommt nun der letzte Teil der Vorbereitung für einen Arbeitstag: die Ankleide. Was ziehe ich heute an? Was passt zu meiner Stimmung? (Das hatte mir mein Typberater empfohlen.) Passen mir überhaupt noch die Sachen, die ich gerne anziehe? Die Waage im Badezimmer zeigt eine deutlich höhere Zahl als beim letzten Wiegen. Auch hier wieder: Nichts geht ohne Maß und Ziel.

Kaum sitzen wir im Auto, signalisiert die Tankuhr, dass das Benzin nicht ausreichen wird, um bis zum Büro zukommen. Also schnell noch einen Abstecher zur Tankstelle. Weil wir aber wieder einmal spät dran sind, wird dieser Zwischenstopp eine Verspätung nach sich ziehen. Das Geldmaß für den Liter Benzin hat sich wieder einmal erhöht, doch das Ausmaß der Empörung über die dauernden Benzinpreiserhöhungen hält sich in Grenzen, weil wir an die Maßlosigkeit der Ölmultis schon gewöhnt sind. Eine kleine Unachtsamkeit auf dem weiteren Weg zur Arbeit beschert uns einen Strafzettel: Die Polizei hatte wieder einmal eine Radarmessung vorgenommen.

Wegen all dieser kleinen Verzögerungen und Ärgernisse kommen wir auch noch zu spät zur Arbeit. Dort warten schon die Mitarbeiter, mit denen ein Meeting vereinbart war. Gehetzt schauen wir auf die Uhr, entschuldigen uns und sprechen über die letzten Quartalszahlen, die durchaus Anlass zur Sorge bieten. Maßnahmen gegen den drohenden Umsatzeinbruch werden besprochen, Kennzahlen und ein Zeitrahmen für die Umsetzung geeigneter Strategien festgelegt.

Obwohl diese Episode nur einen kleinen Ausschnitt unseres persönlichen Lebens beschreibt, macht sie offenkundig, in welch andauerndem Messen und Vergleichen wir operieren. Bisweilen sind wir Sklaven jener Maße, die unser Leben bestimmen. Sklaven der Zeit, Sklaven der technischen Maschinen, denen wir gewisse Tätigkeiten überantwortet haben, Sklaven der Räume, in denen wir uns bewegen. Wir leben im Takt von Fahrplänen, Produktionsmaschinen, Stundenplänen. Angesichts dieser Abhängigkeiten erscheint die Vorstellung von Autonomie und Selbstbestimmung als eine Illusion. Möglicherweise bedeutet dann Freiheit die Freiheit wählen zu können, in welche Abhängigkeiten ich mich begeben will.

Das, was im Kleinen gilt, gilt in diesem Falle auch für das Große: für wirtschaftliche, technische, soziale und kulturelle Fragen. Überall wird gewogen, gezählt, gerechnet, bewertet. Kein Haus, keine Brücke ohne eine solide Statik, keine wirtschaftliche Transaktion ohne Kosten-Nutzen-Berechnung, kein Bankdarlehen ohne Sicherheit, kein Zugverkehr ohne Fahrplan, kein Obst- und Gemüseverkauf ohne eine Waage, die den Kaufpreis errechnet, keine Freundschaft ohne ein Mindestmaß des Ausgleichs von Geben und Nehmen, keine erfolgreiche Unternehmensführung ohne ein Mindestmaß an Vertrauen der Mitarbeiter in die Qualität der Führung.

Bisweilen entscheiden wir mit Augenmaß, weil wir besonnen die vielen Aspekte einer Entscheidung abwägen. Oder wir messen mit zweierlei Maß und ernten dafür den Vorwurf der Ungerechtigkeit. Wir werden als anmaßend erlebt, weil wir Forderungen stellen, die uns in den Augen der anderen nicht zustehen. Wenn das Maß voll ist, müssen wir befürchten, die rote Karte zu erhalten. Bei der Übertretung gewisser Verhaltensstandards mahnen wir zur Mäßigung und verurteilen die vorgebrachten Forderungen als maßlos. Wenn das rechte Maß angelegt wurde, erleben wir dies meist als angemessen. Allerdings kann es durchaus sein, dass eine Theatervorstellung nur mäßig war. Damit bringen wir zum Ausdruck, dass unsere Erwartungen an die Güte der Vorstellung nicht erfüllt wurden. Wenn diese Erwartungen übermäßig waren, weil von vornherein klar war, dass das Ensemble nur zweite Wahl ist, dann wäre ein maßvolles Urteil angemessener.

Menschen, die ohne Maß und Ziel sind, bezeichnet man als maßlos, weil sie keinen Rahmen für ihr Handeln akzeptieren. Gleichzeitig übt gerade die Maßlosigkeit, das Heraustreten aus vorgegeben Strukturen, Ordnungen und Regeln, eine große Faszination auf uns aus. »Genug ist nicht genug«, sang Konstantin Wecker, und Gitte setzte mit ihrem Hit »Ich will alles, ich will alles und noch viel mehr« noch eins drauf. Wenn uns jemand in unserem Verhalten einzuschränken versucht, fühlen wir uns gemaßregelt. Wenn die Einschränkung juristischer Natur ist, beispielsweise aufgrund einer Straftat, müssen wir damit rechnen, in die Mühlen des Maßregelvollzugs zu geraten und eingesperrt zu werden.

Vor dem Schalter fragen wir, ob wir Ermäßigung erhalten, weil wir Studenten sind oder eine Behinderung haben.

Wir betrachten konservative Argumente als unzeitgemäß und stellen radikalen politischen Positionen jene gegenüber, die wir als gemäßigt bezeichnen.

Wir sprechen vom Body-Mass-Index, um herauszufinden, ob wir über- oder untergewichtig sind. Das Ausmaß von Naturkatastrophen kann man errechnen, doch das Ausmaß der persönlichen und sozialen Konsequenzen ist schlechterdings nicht zu ermessen.

Eine maßgebliche Person ist jemand, der etwas zu sagen hat, der eine herausragende Position innehat. Der Torwart hatte beim letzten Fußballspiel maßgeblichen Anteil am Erfolg seiner Mannschaft, weil er zwei Elfmeter gehalten hat. Wer verschwenderisch gelebt hat und kurz vor dem finanziellen Ruin steht, muss Maß halten, um nicht gänzlich den Bankrott zu erklären. Frühes maßvolles Wirtschaften hätte in diesem Fall die Misere abwenden können. Ein Maßanzug passt wie angegossen und der Athlet mit Gardemaß wird von jungen Frauen umschwärmt. Maßvolles Abwägen bei schwierigen Entscheidungen führt unter Umständen zu ausgewogenen Maßnahmen.

Wir messen dem Maß eine große Bedeutung zu. Ohne Maßstäbe hätten wir uns im Laufe der Evolution nicht zu der Spezies entwickeln können, die wir sind: Der messende und der (in doppelter Hinsicht) vermessene Mensch.

Die Geschichte der Menschheit ist auch als eine Geschichte des Messens und des Maßnehmens zu lesen. Eine Fundstelle aus dem Internet (Verfasser leider nicht bekannt) soll die Schwierigkeiten, die beim Messen auftreten können, dokumentieren.

»Das US-Standard-Eisenbahngleis ist 4 Fuß 8,5 Zoll breit (Abstand zwischen den Schienen). Das ist eine außerordentlich ungerade Zahl.

Warum wurde dieses Maß benutzt? Weil das die Bauart war, mit der die Engländer Gleise bauten, und die US-

Eisenbahnen wurden von englischen Experten aufgebaut.

Wieso haben die Engländer auf diese Art Gleise gebaut?

Weil die ersten Eisenbahngleise von den Leuten entworfen wurden, welche schon die mit Pferden bespannten Straßenbahnen (Vorgänger der Eisenbahn) gebaut hatten, und 4 Fuß 8,5 Zoll das Maß war, das sie benutzten.

Warum verwendeten sie dieses Maß? Weil die Leute, welche die Straßenbahnen bauten, die gleichen Spannvorrichtungen und Hilfsmittel benutzten, welche auch für bespannte Lastkarren benutzt wurden, die diesen Radabstand verwendeten.

Also gut!! Wieso verwendeten die Lastkarren diesen ungeraden Radabstand?

Hätten sie irgendeinen anderen Abstand verwendet, hätten diese Karren auf einigen alten, ausgefahrenen Langstreckenstraßen ständig Gebrechen gehabt, denn der Abstand der alten Radfurchen hatte diese Breite. Wer baute diese alten, kaputten Straßen?

Die ersten Langstreckenstraßen in Europa wurden vom imperialen Rom für seine Legionen gebaut. Die Straßen werden seitdem benutzt. Und die Furchen?

Die ursprünglichen Furchen, die jeder in seine Konstruktionen mit einbeziehen musste, da er sonst mit Schäden an seinen Wagen hätte rechnen müssen, waren von den römischen Streitwagen gebildet worden. Diese Streitwagen waren in Bezug auf den Radabstand alle gleich, sie waren alle für das imperiale Rom gebaut worden.

Jetzt haben wir die Antwort zur ursprünglich aufgeworfenen Frage: Das US-Standard-Eisenbahngleis von 4 Fuß 8,5 Zoll berechnet sich aus den ursprünglichen Spezifikationen für einen imperialen römischen Streitwagen.

Spezifikationen und Bürokratie lebten für immer. Das nächste Mal, wenn Ihnen irgendeine Spezifikation übergeben wird und sie sich wundern, welchem Pferdearsch das eingefallen ist, dann können Sie genau Recht haben.

Die imperialen römischen Streitwagen wurden gerade breit genug gebaut, um hinter zwei Hinterteile von römischen Kriegspferden zu passen!

Und jetzt zum Überhammer dieser interessanten Geschichte: Haben Sie je das Space Shuttle an seiner Abschussrampe stehen sehen? Sind Sie bereit, die unendlichen Weiten des Universums zu erforschen? Beachten Sie die beiden großen Feststoffraketen zu beiden Seiten des großen Kraftstofftanks! Das sind die Booster, ohne die das Space Shuttle niemals abheben könnte. Die Booster werden in einer Fabrik in Utah gebaut. Die Ingenieure, welche die Booster entwarfen, hätten es vorgezogen, diese ein bisschen dicker zu bauen. Aber das durften sie nicht, denn die fertigen Booster müssen mit der Eisenbahn bis zur Startrampe gebracht werden. Die Eisenbahnlinie verläuft durch Tunnel in den Bergen, und die Booster müssen eben auch durch diese Tunnel hindurch. Der Tunnel ist etwas breiter als ein Eisenbahngleis, und das Eisenbahngleis so breit wie zwei Pferdehinterteile. Und somit wurde eine Hauptspezifikation des höchstentwickelten Transportsystems der Welt durch die Breite eines römischen Pferdearsches festgelegt.«

Die Wechselwirkungen zwischen dem sozialen, wissenschaftlichen, psychologischen und technischen Messen, Zählen und Rechnen über die Jahrtausende haben eine unüberschaubare Zahl von Maßsystemen, Maßeinheiten und Formen des Messens geschaffen, um die Orientierung in der Welt zu erleichtern.

Doch auch in der Tierwelt werden Messsignale gesendet. Die Bienen beispielsweise scannen ihre Umgebung während eines Erkundungsfluges in einem Rhythmus von achtzehn Winkelgrad. Die Zahl der dabei wahrgenommenen

Bilder bestimmt die Dauer des Schwänzeltanzes, mit dem die Bienen ihrem Schwarm die Entfernung zum begehrten Objekt mitteilen.

Das Messen war immer Bestandteil menschlicher Tätigkeit, sei es bei der Verteilung von Aufgaben und Erträgen innerhalb der Gemeinschaft, bei der Beachtung von Mondphasen, beim Vergleichen und Messen von Beutestücken und Sammelerträgen in den frühen Hochkulturen bis hin zum digitalen Messen kleiner und kleinster Teilchen im Rahmen international geltender Maßeinheiten. Allmählich lernte der Mensch, sich in der Vielfalt der Ereignisse wie auch der Dinge seiner Umgebung messend zurechtzufinden, indem er Zahlen als Hilfsmengen oder Symbole für Zahlenmengen benutzte.

Eine kleine Zusammenfassung der Geschichte von Maßen und Gewichten (aus der freien Enzyklopädie Wikipedia) soll dem Leser einen Überblick geben, wie vielschichtig und kulturell bedeutsam das Maß und das Messen für den Menschen ist.

Geschichte von Maßen und Gewichten

Gewichte und Maße gehörten zu den frühesten Werkzeugen, die der Mensch erfunden hat. Einfache Gesellschaften benötigten für viele Aufgaben Hilfsmittel zum Messen: beim Bau von Wohnungen, bei der Herstellung von Kleidung oder beim Tausch und Handel von Lebensmitteln und Materialien.

Den frühesten Gewichten und Maßeinheiten lagen die Maße von Körperteilen und der natürlichen Umgebung zugrunde. Frühe babylonische und ägyptische Aufzeichnungen sowie Schriften aus der Bibel zeigen, dass die Länge zuerst anhand der Maße von Arm, Hand oder Finger gemessen wurde. Die Zeit wurde nach den Umlaufzeiten bzw. Rotationsperioden von Sonne, Mond und anderen Himmelskörpern eingeteilt. Wenn man das Volumen von Behältern wie Flaschen oder Tonkrügen vergleichen wollte, wurden sie mit Pflanzensamen gefüllt, die anschließend ausgezählt wurden. Beim Wiegen maß man das Gewicht mit Steinen oder Samen. Die Gewichtseinheit Karat, die bis heute für Edelsteine verwendet wird, wurde vom Samen des Johannisbrotbaums abgeleitet.

Unsere heutigen Kenntnisse über die frühen Maße und Gewichte stammen aus vielerlei Quellen. Archäologen haben einige ziemlich frühe Standards geborgen, die heute in Museen aufbewahrt werden. Der Vergleich zwischen den Abmessungen eines Gebäudes und Beschreibungen zeitgenössischer Autoren ergibt weitere Informationen. Ein interessantes Beispiel dafür ist der Vergleich der Abmessungen des griechischen Parthenon mit den Beschreibungen von Plutarch, aus dem man ziemlich genau die Länge des attischen *Fuß* erhält. In manchen Fällen haben wir auch nur plausible Theorien und müssen manchmal die Daten richtig interpretieren. War es zum Beispiel nur Zufall, dass die Länge der frühbabylonischen *Doppel-Elle* bis auf zwei Promille mit der Länge eines Sekundenpendels übereinstimmt, oder deutet das auf Kenntnisse über Pendel zu einem sehr frühen Zeitpunkt hin?

Längeneinheiten

Die Elle war die erste Längeneinheit, von der berichtet wird. Es gab *Ellen* verschiedener Größe.

Die gewöhnliche *Elle* war die Länge des Arms vom

Ellbogen bis zur Spitze des Mittelfingers. Sie wurde unterteilt in die *Spanne* (Spannweite der Hand, eine halbe Ellenlänge), die *Handbreit* (eine sechstel Elle) und den *Finger* (Fingerbreite, eine vierundzwanzigstel Elle). Die königliche oder heilige *Elle* war 7 *Handbreit* oder 28 *Finger* lang und wurde beim Bau von Gebäuden und Monumenten sowie zur Landvermessung verwendet.

Die englischen Maße *inch* (Zoll), *foot* (Fuß) und *yard* haben sich aus diesen alten Einheiten durch einen komplizierten Vorgang entwickelt, der noch nicht völlig verstanden wird.

Griechen und Römer erbten den *Fuß* von den Ägyptern. Der römische *Fuß* wurde sowohl in 12 unciae (Zoll) als auch in 16 *Finger* unterteilt. Die Römer führten auch die *Meile* zu je 1000 *Doppelschritten* ein, wobei jeder *Doppelschritt* 5 römischen *Fuß* entsprach. Während der Besetzung Englands durch die Römer wurde die römische Meile dort eingeführt. Königin Elizabeth I. änderte per Erlass die Meile auf 5280 *Fuß* oder 8 *furlongs*, wobei ein *furlong* aus 40 *rods* zu je 5,5 *yards* bestand.

Das *yard* als Längenmaß wurde später eingeführt, sein Ursprung ist nicht genau bekannt. Das frühe *yard* wurde in 2, 4, 8 und 16 Teile eingeteilt, die *half-yard* (halbes Yard), *span* (Spanne), *finger* und *nail* (Nagel) genannt wurden. Die Verbindung des *yard* mit dem Körperumfang oder der Entfernung von der Nasenspitze zum Daumen von König Heinrich I. sind vermutlich nur Versuche der Standardisierung, da verschiedene *yard*-Maße in Großbritannien benutzt wurden.

Typographische Maßeinheiten

Der *Punkt* als Einheit der Schriftgröße ist ziemlich neu. Er wurde von Pierre Simon Fournier im Jahr 1737 eingeführt und 1755 von den Brüdern François Ambroise und Pierre François Didot weiterentwickelt. Der *Didot-Punkt* (p) betrug 0,376 065 Millimeter, bis er 1973 zur einfacheren Handhabung im metrischen System auf 0,375 Millimeter abgerundet wurde. Zur Unterscheidung wird die neue Einheit häufig auch *typographischer Punkt* genannt. In diesem System (Schriftsatz) gibt es auch die Einheit *Cicero;* ein *Cicero* entspricht 12 Punkt. Vier *Cicero* werden zu einer *Konkordanz* zusammengefasst. Daneben gibt es noch weitere Schriftsatzmaße.

1886 kam aus den USA mit der Erfindung der Linotype-Zeilengussmaschine ein alternatives Punktmaß auch nach Europa: Der *Pica-Punkt* (pt) hat die exakte Größe von 0,3 514 598 Millimetern, das entspricht ungefähr einem 72stel Zoll. Analog zum *Cicero* bildet hier ein *Pica* das nächsthöhere Schriftmaß von 12 *Pica-Punkt.*

Heute werden im Computerbereich »geglättete« Maße verwendet. Ein *Zoll* hatte genau 72,27 *(Pica-)Punkt,* heute hat ein *Zoll* genau 72 *DTP-Punkt* (gelegentlich auch *Postscript-Punkt*). Der *DTP-Punkt* ist die einzig verlässliche Größe (zur Zeit) als Maßangabe auf dem Computer. Leider weichen die Punktgrößen zwischen PC-Systemen (auch Linux) und Apple-Mac-Systemen etwas voneinander ab.

Um die Verwirrung perfekt zu machen, wird mit den oben genannten Maßeinheiten nicht die tatsächliche Buchstabengröße (Versalhöhe) gemessen, sondern die so genannte Kegelhöhe; der Kegel ist im Bleisatz der Körper, der den (meist kleineren) Buchstaben trägt.

Die als Entwurf vorhandene DIN 16 507-2 verwendet metrische Maße, die dem *Punkt* äquivalente Größe ist dort als 0,25 Millimeter definiert. Statt der Kegelhöhe wird die messbare Größe Versalhöhe zur Angabe der Schriftgröße verwendet.

Gewichtseinheiten

Ursprünglich wurden Handelsgüter nach Stück oder Volumen bemessen. Als das Wiegen von Gütern begann, basierten die Gewichtseinheiten auf Volumen von Getreidekörnern oder Wasser. Zum Beispiel war das *Talent* in manchen Gegenden ungefähr so schwer wie ein *Kubikfuß* Wasser.

Das *grain* (Korn) war die früheste und kleinste Gewichtseinheit und war ursprünglich ein Weizen- oder Gerstenkorn, um die Edelmetalle Gold und Silber abzuwiegen. Größere Einheiten wurden entwickelt, die sowohl als Gewichtsmaß wie auch als Währungseinheit dienten, so das *Pfund*, der *Schekel* und das *Talent*.

Das Gewicht variierte von Ort zu Ort. Bei den Babyloniern und Sumerern waren 60 *Schekel* 1 Mina, und 60 *Minas* ergaben ein *Talent*. Das römische *Talent* bestand aus 100 *Pfund*, die leichter waren als das *Mina*. Wie auch das englische und amerikanische *Pfund* war das römische *Pfund* in 12 *Unzen* eingeteilt, die aber kleiner waren. Das *Karat* als Maßeinheit für Edelsteine, das vom Samen des Johannisbrotbaums abgeleitet war, wurde später auf 1/144 *Unze* und dann auf 0.2 *Gramm* festgelegt.

Einheiten für Zeit und Winkel

Die Einteilung des Kreises in 360 Grad und die Einteilung das Tages in Stunden zu je 60 Minuten mit je 60 Sekunden lässt sich auf die Babylonier zurückführen, die das Sexagesimalsystem, d. h. ein Zahlensystem mit der Basis 60, verwendeten. Die 360 Grad könnten mit einem Jahr zu 360 Tagen zusammenhängen.

Der Ursprung des metrischen Systems

Metrische Einheiten haben sich seit der Einführung des ersten wohldefinierten Systems 1791 in Frankreich über die ganze Welt verbreitet, zunächst in den nicht-englischsprachigen Ländern, aber in letzter Zeit auch dort. Das erste metrische System war auf *Zentimeter*, *Gramm* und *Sekunde* aufgebaut (cgs-System, c für Centimeter), und diese Einheiten waren sehr praktisch in Wissenschaft und Technik. Spätere metrische Systeme basierten auf *Meter*, *Kilogramm* und *Sekunde* (mks-System), um leichter handhabbar für praktische Anwendungen zu sein. Das gegenwärtige metrische System ist das **Internationale Einheitensystem** (SI). Es basiert ebenfalls auf *Meter*, *Kilogramm* und *Sekunde* und enthält auch weitere Grundeinheiten für Temperatur, elektrische Stromstärke, Lichtstärke und Stoffmenge.

Das metrische System wurde in Frankreich nur langsam angenommen, aber Wissenschaftler und Techniker hielten seine Einführung als internationales System für wünschenswert. Am 20. Mai 1875 wurde ein internationaler Vertrag, die Meterkonvention, von 17 Staaten unterzeichnet. Verschiedene Organisationen und Laboratorien wurden gegründet, um ein einheitliches System zu schaffen und bewahren.

Das metrische System ist einfacher als die alten Maßeinheiten, weil verschieden große Einheiten immer glatte Zehnerpotenzen von anderen Einheiten sind. Diese Beziehung zwischen den Einheiten führt im Dezimalsystem zu leichten Umrechnungen von einer Einheit zur anderen.

Internationales Einheitensystem

Am Ende des 2. Weltkriegs existierten immer noch eine Reihe verschiedener Einheitensysteme in der Welt. Manche davon waren Variationen des metrischen Systems, andere basierten auf dem *Inch/Pfund*-System der englischsprachigen Länder. Man erkannte, dass weitere Schritte nötig wären, um die Einrichtung eines weltweiten Maßsystems zu fördern. Daher wurde 1948 eine internationale Studie in Auftrag gegeben, um herauszufinden, welche Bedürfnisse bezüglich Maßeinheiten in den Bereichen Wissenschaft, Technik und Bildung vorhanden waren. Aufgrund der Ergebnisse wurde 1954 entschieden, dass ein internationales System auf sechs Basiseinheiten aufbauen sollte. Die sechs empfohlenen Basiseinheiten waren *Meter*, *Kilogramm*, *Sekunde*, *Ampère*, *Kelvin* und *Candela*. 1960 wurden die Einheiten dieses Systems nach der französischen Bezeichnung *Le Système International d'Unités* **SI-Einheiten** genannt. Das SI ist heute in der ganzen Welt erlaubt oder sogar vorgeschrieben.

»Im alten Russland waren Marderfelle ganz unterschiedlicher Größe und Schönheit Tauschmittel. Mit steigendem Tauschverkehr galt allmählich jedes Marderfell als gleich dem anderen. Später wurden die Zipfel der Felle und schließlich sogar nur noch amtlich gestempelte Lederstückchen als Geld verwendet« (Haustein 2001, S. 5). Und letztlich löste sich das Geld als Maß des Tauschwertes von seiner ursprünglichen Substanz als Gewicht des Kupfers, Silbers oder Goldes.

Heute hat sich das Geldsystem von der Realwirtschaft abgelöst und dazu geführt, dass der Kapitalmarkt, also das Geschäft mit den Erwartungen von Erwartungen, jährlich etwa um 45 Prozent wächst. Im Vergleich dazu wächst der Gütermarkt um ca. fünf Prozent. Das heißt, es wird in Zukunft mehr Geld mit Geldtransaktionen verdient als mit der Herstellung und dem Verkauf von Produkten. Auch hier ist jedes Maß abhanden gekommen, weil die Geldströme die Güterströme längst übertreffen.

Welche Konsequenzen dies für unser Sozialgefüge hat, weiß niemand vorauszusehen. Eines scheint aber sicher: In Zukunft wird derjenige, der über die Kontrolle und den Zugang zu Geldströmen verfügt, demjenigen überlegen sein, der über die Kontrolle der Güterströme verfügt. Das Geschäft mit »Pump«, Darlehen und Krediten blüht ohnehin, zumal sich die Banken in verbrecherischer Manier an den entfesselten Konsumwünschen der Menschen ein goldenes Näschen verdienen.

Nun ist das Tauschmaß nur eines von vielen, vielen Maßeinheiten, die unseren Alltag bestimmen: Im Bad steht eine Personenwaage, an der Wand sind Zähler für Strom und Wasser befestigt, im Medizinschrank liegt ein Fieberthermometer, in der Küche befinden sich eine Küchenwaage und ein Messbecher mit verschiedenen Maßeinheiten wie Liter, Gramm etc. Am Telefon ist ein Gebührenzähler installiert und der Fernseher funktioniert nur, wenn man die Programmleiste auf dem Bildschirm sachkundig bedienen kann.

Überhaupt scheint das menschliche Maß, das mit Gefühl, Intuition, also mit subjektiven Kategorien, zu tun hat, dem technischen Maß der Objektivierbarkeit überantwortet zu sein – so wie der Gebrauchswert von Dingen dem Tauschwert überantwortet und der Tauschwert dem Symbolwert überantwortet wurde. Alles haben zu können und alles haben zu wollen ist ein fester Bestandteil des Zeitgeistes. Auch in wirtschaftlicher, politischer, kultureller, militärischer Hinsicht scheint jedes Maß verloren gegangen zu sein. Und obwohl ethische Diskurse die wirtschaftliche und kulturelle Bühne beherrschen, die Maßlosigkeiten dieser Welt anprangern und zur Mäßigung aufrufen, wird in einer nie da gewesenen Art und Weise verschwendet, verschleudert, betrogen, korrumpiert, gemobbt und sich am Reichtum bedient. Die meisten Menschen tun so, als sei der Platz auf einem Thron nur für sie reserviert, und wer ihnen diesen Platz streitig macht, ist ihr Feind. Dabei ist der Traum von der Prinzessin und dem Prinzen eine konsumistische Illusion, ein Bild auf den Werbeplakaten von »Deutschland sucht den Superstar«.

Man antwortet häufig auf Fragen von Freunden, dass man zu viel arbeitet, zu wenig verdient, dass zu hohe Erwartungen an einen gestellt werden, dass man zu nichts kommt und keine Zeit hat, sich um die wichtigen Dinge des Lebens zu kümmern. Keiner kann es einem Recht machen und alle anderen haben es besser.

Diese Klagen über das Zu-viel, Zu-wenig, Zu-hoch, Zu-niedrig, Zu-weit, Zu-nah usw. beschreiben ein Phänomen unserer Zeit. Offenbar sind nicht nur im gesellschaftlichen, wirtschaftlichen und politischen Bereich die Dinge aus dem Lot geraten. Da ist auch etwas im Privaten, Persönlichen aus dem Ruder gelaufen, weil wir eben nicht mehr der Intelligenz unseres Körpers, der Intelligenz des sozialen Nahraums (Familie, Freunde) und letztlich der Intelligenz unserer eigenen Wertorientierungen vertrauen. Bisweilen wissen viele Menschen überhaupt nicht mehr, wem oder was sie vertrauen sollen, weil sie nicht mehr wissen, was sie brauchen, was sie wollen, wohin sie gehen. Sie haben sich den Gewohnheiten des Alltags unterworfen – nicht anvertraut. Sie essen, trinken, reden, fahren Auto, kaufen, lieben, trennen sich und kommen wieder zusammen, fleischlos, seelenlos, oberflächlich, weil »man« es halt so macht.

Die Maßlosigkeit hat die Halbwertszeit von tiefen Gefühlen und Sinnhaftigkeit der Ereignisse auf ein Minimum reduziert, da der Konsum auf Kurzfristigkeit, Neuigkeit und Sensation angelegt ist, nicht auf Dauer und Haltbarkeit. Wenn die Größe des Autos, die Zerstreuungen der Kinder, die berufliche Position der Eltern, der Waschbrettbauch und die Designerklamotten das Glück auf Erden bescheren, dann kann man die Suche nach einem rechten Maß sofort abbrechen und sich aufmachen, das entsprechende Geld für all das aufzutreiben.

Doch was tun, wenn die Erschütterungen des Lebens plötzlich in Erinnerung rufen, dass wir begrenzt sind, dass unsere Lebenszeit endlich ist, dass unsere Bemühungen um ein gutes Leben vergeblich waren, weil die Träume eben nicht in Erfüllung gingen? Was tun, wenn wir uns verirrt haben im Dickicht der konsumistischen Verlockungen und die Bank das Konto sperrt? Was tun, wenn wir glaubten, nach den Sternen greifen zu müssen, und schmerzvoll abgestürzt sind?

Die Griechen sagen: »Nichts allzu sehr.« Das Gedicht »Mäßigung« gibt dafür Zeugnis.

Mäßigung

Nichts allzu sehr
Sagte einer der Weisen
Griechenlands.

Was sind Küsse denn wert,
Verschenkt an viele?

Was bedeuten schon Worte,
Gerichtet an viele.

»Ich liebe dich«
Wie oft kann man es sagen
Zu Menschen,
Wie oft wiederholen,
Ohne dass es sich abnutzt?

Habt Acht!
Denn jedes Mal
Teilt sich die Liebe,
Wird kleiner der Rest.
Verschwendet nicht
Küsse, Worte, Umarmungen
An viele.

Was bleibt euch sonst
Für die, die es wert?

Kostbar ist nur
Das Besondere,
Einzigartige,
Was nicht jeder hat
Oder bekommt.

Glaubt mir, ich
Erzähle Geschichten;
Ihr könnt
Mir vertraun.

Das gute Leben scheint mit dem rechten Maß zusammenzuhängen, und wir finden Denkmodelle in allen Kulturen, die sich auf diesen Zusammenhang beziehen. So schreibt Aristoteles in seiner Nikomachischen Ethik, benannt nach seinem Sohn aus zweiter Ehe Nikomachos, dass die Wirkung der Vernunft darin bestehe, dass sie überall das rechte Maß, die allgemein gültige Mitte zwischen dem Zuviel und dem Zuwenig aufrechterhält. Tugenden wie Mannhaftigkeit, Mäßigkeit, Wahrhaftigkeit, Fröhlichkeit, Freundschaft und Gerechtigkeit bilden die Mitte zwischen zwei zu vermeidenden Extremen: Die Tapferkeit ist beispielsweise die rechte Mitte zwischen Feigheit und Tollkühnheit, die Freigiebigkeit die rechte Mitte zwischen Geiz und Verschwendung, die Selbstbehauptung zwischen demütiger Selbstaufgabe und hochmütiger Anmaßung. Die Mitte beschreibt hier keine starre Form, sondern die dauernde Bewegung zwischen den Extremen, so wie wir, um das Gleichgewicht auf einem Bein zu halten, permanente Ausgleichsbewegungen in den Füßen und den Gelenken ausführen müssen. Die Mitte bedeutet für Aristoteles nicht die Unterdrückung oder Auslöschung menschlicher Begierden, sondern die Verfügbarmachung, den vernünftigen Einsatz ihrer zugrunde liegenden Energien.

Im Kontext der vier Kardinaltugenden – »Sei gerecht, sei klug, sei mutig, halte das richtige Maß« – beschreibt die letzte Tugend im Vierergespann das langsamste Pferd. Der lateinische Begriff für Maßhalten, Mäßigkeit, »temperantia«, meint nicht die schmerzvolle Einschränkung, Entschärfung und Verkleinerung, sondern feuert die anderen Tugenden an, besser zusammenzuwirken, sich nicht zu behindern und im rechten Moment alle Kraft einzusetzen.

In der Regel brauchen wir uns nichts zu versagen, wenn wir nur nicht dabei übertreiben. Wenn man allerdings glaubt, einen Baum fällen zu müssen, weil man einen Zahnstocher braucht, ist etwas Grundsätzliches aus dem Lot geraten. Und es soll Menschen geben, die, wenn sie glücklich sind, noch glücklicher werden wollen – absurd. Und wer sich einmal den Mund verbrennt, meidet halt feurige

Worte. Wilhelm Busch weiß in diesem Zusammenhang anzumerken: »Schnell wachsende Keime welken geschwinde; zu lange Bäume brechen im Winde.«

Auch auf dem Olymp gab es eine Göttin, deren Aufgabe darin bestand, den Menschen an das rechte Maß zu erinnern. Menschen, die aus Übermut und Selbstüberschätzung handelten, wurden von ihr bestraft. Ihr Name ist Nemesis (griechisch für »Zuteilung des Gebührenden«). Sie ist die Göttin des rechten Maßes und der Vergeltung. Ihre Strafe war unbarmherzig und richtete sich gegen die Zerstörung der natürlichen Ordnung der Dinge, des rechten Ebenmaßes.

Im alten Ägypten ist es Ma'at, zugleich Gottheit und elementarer Begriff in der ägyptischen Weltordnung, welcher mit »göttlichem Richtungssinn« zu übersetzen ist. Ma'ats Bedeutung besteht darin, den Dingen eine Richtung zu geben. Damit hält sie die Welt in Gang. In der Vorstellung der Ägypter unterliegen der Kosmos, die Welt und das menschliche Leben einem Prozess, der sich zwischen den Polen Chaos und Ordnung bewegt. Dieser Prozess muss in die richtigen Bahnen gelenkt werden durch Gerechtigkeit, Weisheit, Wahrheit und Verantwortung. Ein reziprokes Solidaritätsprinzip sorgt für den Ausgleich: »Verhülle dein Angesicht nicht gegenüber dem, den du gekannt hast/.../handle für den, der für dich handelt/.../Ein guter Charakter kehrt zurück an die Stelle von gestern/denn es ist befohlen: Handle für den, der handelt« (zitiert nach Jan Assmann: Ma'at. Gerechtigkeit und Unsterblichkeit im alten Ägypten, München 1990, S. 62 ff.).

Die Tiefe dieses Denkens lässt sich erahnen, wenn man sich verdeutlicht, dass es sich hier nicht um abstrakte Gebote handelt, sondern darum, im Angesicht und in der Verantwortung für den anderen zu handeln. Handle für den anderen, um zu veranlassen, dass er tätig bleibt. Das heißt, ihm zu danken für das, was er getan hat. Hier geht es nicht in erster Linie um das, was eine Handlung bewirkt, sondern um das, was sie besagt.

Auch im taoistischen Denken finden wir interessante Gedanken zu unserem Thema (Laotse 2004):

44. Warnung

Der Name oder das Ich:
Was steht näher?
Das Ich oder der Besitz:
Was ist mehr?
Gewinnen oder verlieren:
Was ist schlimmer?
Nun aber:
Wer sein Herz an andres hängt,
verbraucht notwendig Großes.
Wer viel sammelt,
verliert notwendig Wichtiges.
Wer sich genügen lässet,
kommt nicht in Schande.
Wer Einhalt zu tun weiß,
kommt nicht in Gefahr
und kann so ewig dauern.

45. Überströmendes Leben

Große Vollendung muss wie unzulänglich erscheinen,
so wird sie unendlich in ihrer Wirkung.
Große Fülle muss wie leer erscheinen,
so wird sie unerschöpflich in ihrer Wirkung.

Große Geradheit muss wie krumm erscheinen.
Große Begabung muss wie dumm erscheinen.
Große Beredsamkeit muss wie stumm erscheinen.
Bewegung überwindet die Kälte.
Stille überwindet die Hitze.
Reinheit und Stille ist der Welt Richtmaß.

Teil II
Die Kunst des Massnehmens

Maßvolle Rückschau oder der gute Kontakt zu dem, was war

Das Leben spielt doch immer wieder lustige Streiche!

Peter und ich sind häufig als Supervisoren tätig und beraten Kollegen oder Teams bei ihrer Arbeit mit ihren Klienten. Dabei sagen wir gerne den Satz: »Jeder hat immer wieder genau den/die Klienten, den/die er für sein eigenes Leben gerade gut gebrauchen kann!« Gemeint ist damit das Phänomen, dass Klienten ihre Therapeuten immer wieder mit bestimmten Momenten oder Phasen des eigenen Lebens und den damit zusammenhängenden Gefühlen in Berührung bringen – das ist nicht immer leicht zu ertragen. Dazu ein Beispiel.

Ein Kollege berichtet von einem verhaltensauffälligen Jugendlichen, dreizehn Jahre alt, der in dem Heim, in dem er lebt, immer wieder Grenzen überschreitet und die Mitarbeiter zu eindeutigen und nachhaltigen Reaktionen zwingt. Der Kollege fühlt sich angesichts solcher Situationen aber oft völlig überfordert und ohnmächtig. Er steht dann da wie angewurzelt, gelähmt und kann nicht anders, als dem ausufernden Treiben seines Schützlings hilflos staunend zuzusehen.

Wir kommen auf sein eigenes Befinden als Jugendlicher zu sprechen, und nach kurzer Besinnung erzählt der Kollege folgende Geschichte: Seine Eltern hatten sich getrennt, als er acht Jahre alt war. Seine Mutter hatte die Trennung auch deshalb betrieben, weil der Vater ein großes Alkoholproblem hatte. In den folgenden Jahren erlebte der Junge mehrmals, dass sein Vater, wenn er ihn zurück nach Hause zu seiner Mutter brachte, vollkommen betrunken war. »Oft fuhr er Schlangenlinien und ich saß wie gelähmt und voller Angst hinten im Auto!«

»Gott sei Dank ist dir nie etwas zugestoßen«, können wir erleichtert im Rückblick festhalten, und ich füge hinzu: »Offensichtlich hast du einen richtig guten Schutzengel gehabt!« Die Idee des Schutzengels gefällt dem Kollegen sehr gut und er nimmt den Schutzengel mit in seine alte Geschichte. In der Folgezeit tat er sich mit dem Dreizehnjährigen wesentlich leichter und er konnte die Grenzen deutlich souveräner und wirksamer wahren.

Begegnungen im heutigen Leben können uns also mit ganz alten Erfahrungen in Kontakt bringen und damit in einen Zustand versetzen, in dem wir nicht mehr frei und sicher unsere erwachsenen Kompetenzen nutzen können. Und das erleben alle Menschen, nicht nur Angehörige der psychosozialen Branche.

Nun habe ich das Kapitel über die maßvolle Vergangenheitsbewältigung übernommen, und gerade jetzt bin ich selbst mit einem alten, tiefen Gefühl in Berührung gekommen – woher auch immer es kam. Das Gefühl ist ein schwieriges Gemisch aus Überforderung, Einsamkeit und Traurigkeit, und ich bin knapp drei Jahre alt: kein besonders günstiger Zustand für das Verfassen eines wichtigen Kapitels in einem Buch für Erwachsene.

Wie autobiografisch soll ich jetzt vorgehen, was ist das rechte Maß an Vergangenheitsbewältigung in diesem Kontext? Es gibt mal wieder nicht die einzig wahre Antwort auf diese Fragen, und so gehe ich eben meinen Weg in der Hoffnung, dem Leser damit eine Landkarte an die Hand zu geben für die vielen freiwilligen und unfreiwilligen Reisen in die eigene Vergangenheit, die uns im Laufe des Lebens so zugemutet, auferlegt und angeboten werden.

Ich versuche einfach, Kontakt zu dem drei Jahre alten Jungen in mir aufzunehmen. Dabei fällt mir ein, dass unsere letzte Begegnung viele Jahre zurückliegt und sich der Kleine womöglich (auch zu Recht) etwas vernachlässigt fühlt.

Er sitzt mit traurigen Augen in seinem Kinderzimmer, hat gerade einen schrecklichen Hustenanfall hinter sich, fühlt sich zwar gerettet und doch ganz allein gelassen. Seine Eltern haben wieder einmal gestritten, es ist laut geworden, Türen haben geknallt und Papi hat die Wohnung verlassen. Mami sitzt in der Küche, die Augen verheult, trinkt ein Glas Weißwein und raucht.

Die Szene wirkt richtig scheußlich, und sofort kommt mir der Impuls, den Jungen zu packen und mitzunehmen. Aber er lebt nun mal hier mit seinen in Liebe und Hass verbundenen Eltern, und wo sollte ich denn mit ihm hin?

Also gehe ich in sein Zimmer und setze mich einfach zu ihm auf den Boden. Er guckt ängstlich, skeptisch, erwartungsvoll, und ich helfe ihm, seine Spielsachen ein wenig zu sortieren.

»Manchmal benehmen sich deine Eltern ziemlich blöde«, murmele ich und der Kleine bejaht es mit einem »hmmm!«, dem ich auch entnehme, dass seine Nase ziemlich voll ist. Also lasse ich ihn erst mal richtig feste schnäuzen. Ich wünsche mir sehr, dass er versteht, dass er an dieser ganzen Situation keine Schuld hat (das denkt er nämliche gerne), aber so richtig gut kann man das einem kleinen Kind nicht erklären. Also schaue ich ihn einfach liebevoll an, gebe ihm seinen Lieblingsteddy und sage, dass ich jetzt in die Küche gehe, um ihm eine schöne Tasse Kakao zu machen, was er mit einem kraftvolleren »HMMM!« beantwortet.

Ich gehe leise in die Küche, sage hallo und hole mir die Erlaubnis, eben für den Kleinen zu sorgen, weil der das gerade braucht und die Eltern es im Moment nicht so gut können. Mami grummelt ein bisschen, wirkt aber auch recht dankbar für die kleine Unterstützung.

Ich bringe dem Kleinen seinen Kakao und er trinkt ihn genussvoll in wenigen Zügen. Dann gähnt er laut, reibt sich die Augen und ich bringe ihn ins Bett. Ich decke ihn kuschelig zu, lege seine Stofftiere neben ihn und erzähle ihm noch eine Geschichte (von einem kleinen Jungen, der mit seinen Freunden am Strand eine große Sandburg baut, die auch von großen Wellen nicht mehr wegzuspülen ist). Ich verspreche ihm, bald wieder nach ihm zu sehen, doch er schläft schon, ruhig, tief und fest …

Dann gehe ich gemächlich zurück an meinen Schreibtisch, um dieses Kapitel weiterzuschreiben. Und ich merke, dass sich unterdessen so etwas wie eine friedvolle Entspannung in mir ausgebreitet hat.

Ich glaube, dass ein maßvoller Umgang mit der eigenen Vergangenheit mit der Kunst der »Selbstbeelterung« zu tun hat. Ungemäß wird es, wenn wir zu lange oder sogar ein Leben lang die Eltern oder deren Stellvertreter für alle Niederlagen unseres Lebens verantwortlich machen. Und ungemäß wird es auch, wenn wir uns nicht von der kindlichen Idee verabschieden können, wir würden im eigenen Leben alles besser machen als die Eltern.

Auch die mannigfachen Angebote psychotherapeutischer Behandlung bergen Gefahren der Unangemessenheit in sich. Wir können unsere Unzufriedenheit ein Leben lang zum Therapeuten tragen (Woody Allens Filme und womöglich auch er selbst sind dafür beeindruckende Beispiele), oder wir können den machtvollen Verlockungen anderer »Heilsbringer« aufsitzen, die uns glauben machen, nach fünf, zehn oder auch zwanzig Sitzungen seien alle Problem gelöst, alle Symptome beseitigt, und das Leben nehme nunmehr einen ausschließlich glücklichen Verlauf. Natürlich korrespondieren solche Verlockungen mit den kindlichen Hoffnungen der Klienten, es könnte einer kommen, der alles heil macht.

Doch weder lebenslange Therapie noch Tourismus von Prophet zu Prophet bringen wirkliche Veränderung. Beide Wege blockieren letztlich die Übernahme von Verantwortung für das eigene Leben und konstruieren Abhängigkeiten, die mit rechtem Maß nicht mehr viel zu tun haben.

(Damit wir uns richtig verstehen: Es geht mitnichten um die Verunglimpfung des eigenen Berufsstandes, und ich plädiere sehr dafür, dass Menschen sich um professionelle Unterstützung bemühen, am besten noch bevor die eigene Not unerträglich geworden ist. Nur warne ich vor unangemessenen Ansprüchen an unsere Zunft, gleichzeitig aber auch vor Kollegen, die ihre eigenen Gefühle von Unzulänglichkeit, Selbstzweifel, Ohnmacht und Not dadurch zu kompensieren versuchen, dass sie ihren Klienten unaufhörlich versprechen, ihnen die Sterne vom Himmel zu holen, wenn sie nur schnell, oft, intensiv, motiviert etc. genug sind.)

Erlösung gibt es für kein Geld der Welt. Erlösen – oder beeltern – können wir uns nur selbst, und auf dem langen Weg dahin dürfen wir uns jede Hilfe zuteil werden lassen, die wir bekommen können und möchten. Und eine mögliche Hilfe mag sein, dass Sie von der Idee der Selbstbeelterung noch etwas mehr erfahren.

Zuvor aber noch einige Gedanken zu unserer jüngeren historischen Vergangenheit.

Wir leben in einem Land, das mit seiner Vergangenheit so seine liebe Not hat. Zwei selbst betriebene und verlorene Weltkriege und der immer noch unfassbare Genozid an Millionen jüdischer Mitmenschen sind Bürden, die schwer lasten. Unsere Urgroßeltern, Großeltern oder Eltern haben den Nationalsozialismus, jeder an seinem Platz, selbst erlebt und mehr oder weniger mitgestaltet. Das unermessliche Elend, das Menschen in dieser Zeit zugefügt wurde, hat auch unsere Familien sehr geschwächt – sei es, weil sie durch kriegerische Handlungen oder im Widerstand verstarben oder schwer traumatisiert wurden, sei es, weil sie durch die große Schuld persönlich völlig überfordert waren. Wer überlebte, war sehr damit beschäftigt, persönliche wie kollektive Schuld und Traumatisierung zu verarbeiten, zu verdrängen oder durch andere Strategien zu kompensieren. Das hat natürlich immense Kräfte gebunden.

Abgesehen davon, dass ich überzeugt bin, dass wir uns auch heute noch dieser Vergangenheit stellen müssen, geht es mir in erster Linie darum zu erkennen, dass unsere Eltern (oder Groß- oder Urgroßeltern) auch aufgrund der historischen Ereignisse und ihrer Konsequenzen gar nicht die Eltern sein konnten, die sie vielleicht gerne gewesen wären. Und so sorgt allein schon die historische Wirklichkeit für Entbehrungen, Enttäuschungen und unerfüllte Wünsche in der Kindheit der Nachkommen. Dabei denke ich am wenigsten an die materielle Knappheit in den Nachkriegsjahren.

Wie in vielen anderen Kapiteln menschlicher Geschichte wird auch hier deutlich, dass Menschen offensichtlich nur in Maßen in der Lage sind, Leben in Glück und Frieden zu gestalten. Also bleibt es allen Kindern aller Eltern nicht erspart, spätestens als Erwachsene selbst die Verantwortung für ihr eigenes Leben zu übernehmen, sofern sie nicht in der Abhängigkeit der eigenen Vergangenheit gefangen bleiben wollen. Und damit bin ich wieder bei der Idee der Selbstbeelterung.

Selbstbeelterung beinhaltet drei wesentliche Aspekte:

1. den freundlichen Blick auf alles, was ich als Kind und Jugendlicher bekommen habe,
2. den klaren Blick auf die Entbehrungen, Enttäuschungen und Schmerzen, die ich in meiner Kindheit erlebt habe, und
3. das Bemühen um guten Kontakt zu dem inneren Kind in mir mit dem Ziel, dem Kind angedeihen zu lassen, was es für sein Großwerden noch braucht.

Diese drei Aspekte halten wir für *ein* ausreichendes Maß eigener Vergangenheitssorge. Lesen Sie jetzt, was im Einzelnen damit gemeint ist.

Der Blick auf alles, was ich bekommen habe, ist oft verstellt, auch weil es in westlichen Gesellschaften sehr verbreitet – womöglich auch eine deutsche Angewohnheit – ist, vor allem auf das zu schauen, was nicht gelungen ist.

Was wir alle unseren Eltern verdanken, ist die Möglichkeit zu leben, und ich finde, das ist schon eine ganze Menge, selbst wenn wir unser Dasein gelegentlich als Zumutung erleben. Und dann haben wir in aller Regel noch einiges mehr bekommen: ein Bett, Spielsachen, ausreichend Nahrung, verschiedenste Anregungen, eine Schul-, womöglich eine Berufsausbildung und meistens mehr emotionale Zuwendung, als uns heute bewusst ist. Darüber hinaus waren und sind wir alle zumindest von dem Wunsch der Eltern begleitet, dass wir glücklich und erfolgreich werden und einen guten Platz im Leben finden. Ich jedenfalls habe in meiner bald zwanzigjährigen Berufserfahrung nie Eltern kennen gelernt, die diesen Wunsch nicht gehabt hätten.

Ich empfehle Ihnen sehr, sich einmal, vielleicht auch zweimal Zeit zu nehmen, um alles auf Papier zu bringen, was Ihnen im Laufe Ihrer Entwicklung Gutes widerfahren ist. Sie machen also einen ersten Spaziergang durch Ihre

Vergangenheit. Sie dürfen beginnen, wo Sie möchten, und bestimmen selbst das für Sie richtige Tempo. Sie denken an Ihre Eltern, aber auch an alle anderen Menschen, die Sie erlebt haben und die für Phasen Ihrer Entwicklung große Bedeutung hatten. Schreiben Sie auch die Dinge dazu, die Sie nicht unbedingt bestimmten Personen zuordnen können, sondern wo Glück, Schicksal, ein Schutzengel oder was auch immer gut für Sie gesorgt hat. Und denken Sie daran, auch das Leben selbst auf die Liste zu schreiben, ein wirklich großes Geschenk, auch wenn sein Sinn nicht immer gleich erkennbar ist oder Sie ihm noch nicht so richtig auf die Spur gekommen sind.

Nach einem, zwei, vielleicht auch mehreren Spaziergängen ist Ihre Liste fertig, und dann ist es gut, sie abzutippen oder in eine andere für Sie schöne Form zu bringen und an einem geeigneten Platz zu verwahren. Schließlich handelt es sich dabei um den Boden, auf dem Sie Ihre Wurzeln geschlagen haben und schlagen. Und für das ganze Leben ist es gut, mit diesen Wurzeln in Kontakt zu sein.

Gefühle der Dankbarkeit sind bei dieser Übung natürlich erlaubt!

Womöglich entdecken Sie während Ihrer Spaziergänge auch ein Foto der einen oder anderen wichtigen Bezugsperson in einer alten Kiste wieder. Suchen Sie dann einen besseren Platz dafür als in der Kiste, denn so ein Foto intensiviert den guten Kontakt zu alten Erinnerungen und kräftigt.

Wann immer Sie bei der Erstellung ihrer Liste Gefühle wie Wut, Ärger, Hader, Scham oder anderes empfinden, ist das genauso in Ordnung. Bewahren Sie diese Gefühle für den zweiten Schritt auf, denn der kommt jetzt.

Vieles ist uns nicht gelungen, was übrigens auch damit zu tun hat, dass wir selbst keine Engel sind, unsere eigenen Macken mit auf diese Welt gebracht und damit auch unsererseits den Eltern so einiges zugemutet haben. Dies muss der Vollständigkeit halber schon mal erwähnt werden.

Manches in der Vergangenheit hat wehgetan, Wunden gerissen und uns Schmerz, Einsamkeit, Hilflosigkeit und – in welcher Weise auch immer – die ganze Schwere dieses Lebens zugemutet. Unsere Eltern waren keine Heiligen. Sie waren in eigenem Schmerz und eigener Verletzung gebunden, waren krank oder beeinträchtigt, haben sich Schlimmes oder weniger Schlimmes zu Schulden kommen lassen und/oder waren schlichtweg schwach auf der Brust: materiell, emotional, sozial oder intellektuell. Ich persönlich bin zwar der Überzeugung, dass sie ihre Aufgaben als Eltern erfüllt haben, so gut sie konnten, aber das lindert nicht automatisch und schon gar nicht sofort die uns Kindern zugefügten Schmerzen.

Mit wenigen Ausnahmen versetzen uns diese Schmerzen aber nicht in eine Lage, in der wir später einklagen können, was uns früher eigentlich zugestanden hätte. Insofern sind wir heute mit all diesen Schmerzen auf uns selbst gestellt. Die Schmerzen – Ohnmacht, Scham, Verletzung – sind also Teil unseres Lebens geworden, und wir müssen uns ihnen stellen, weil sonst nichts Gutes daraus werden kann. Leider leben wir in einer Welt, in der diese Schmerzen oft keinen angemessenen Platz haben, was verheerende Folgen nach sich ziehen kann, wie noch zu zeigen sein wird.

Doch bevor ich wieder den großen Bogen spanne, lade ich Sie ein, sich auch einmal mit Ihren Schmerzen in Kontakt zu bringen. Lassen Sie für diesen Schritt das Gläschen Wein beiseite, weil Anästhesie dieser Übung eher abträglich ist.

Wann immer es Ihnen möglich ist, nehmen Sie sich Zeit für sich allein und machen Sie einen zweiten Spaziergang durch Ihr Leben, um noch einmal jene Szenen anzuschauen, in denen Sie gelitten haben, verletzt, einsam, verzweifelt, unbeachtet, unverstanden, ungerecht behandelt waren. Betrachten Sie diese Szenen aus einem für Sie bekömmlichen Abstand heraus, etwa so, als würden Sie fernsehen. Machen Sie sich klar, bevor Sie starten, dass Sie heute erwachsen sind. Die Liste aus Schritt eins ist für diesen Spaziergang ein guter Begleiter. Wenn Sie um schwere Verletzungen oder Traumatisierungen in Ihrer Geschichte wissen, machen Sie den Spaziergang bitte in Begeleitung eines Menschen, bei dem Sie sich wirklich gut aufgehoben fühlen – sei es ein guter Freund, sei es ein vertrauter Therapeut.

Geben Sie während Ihres Spaziergangs jeder erinnerten Szene ein Stichwort oder eine kurze Beschreibung. Beginnen Sie, wenn Sie möchten, bei der Geburt (eine der ersten großen Zumutungen des Lebens) und enden Sie mit dem Erreichen Ihrer Volljährigkeit.

Wann immer Sie den Impuls haben zu unterbrechen, tun Sie es und machen dann einfach zu einem späteren Zeitpunkt weiter. Und sollten Sie auf Bilder, Erinnerungen, Szenen stoßen, die Sie überhaupt nicht ansehen möchten, lassen Sie sie an sich vorüberziehen. Das ist völlig in Ordnung und gesund. Nehmen Sie sie einfach als Zeichen, dass es da noch etwas gibt. Das Leben gewährt immer wieder Gelegenheiten, auch solche Momente noch einmal anzusehen, und Sie entscheiden natürlich, wann dafür der rechte Zeitpunkt ist.

Nach Ende dieses Spaziergangs (es können natürlich auch mehrere sein) haben Sie eine zweite Liste mit Stichwörtern bzw. Beschreibungen, gewissermaßen ein Panorama Ihrer Verletzungen und Ihrer Bedürftigkeit. Alle beim Spazierengehen erlebten Gefühle wie Ärger, Wut, Hass, Trauer, Schuld oder Scham sind richtig (falsche Gefühle gibt es gar nicht).

Wenn Sie Ihre Aufzeichnungen am Ende betrachten,

kann es sein, dass Ihnen einige Sätze einfallen, die Ihre gemachten Erfahrungen verdichten. Anfänge solcher Sätze sind zum Beispiel: »Mein Vater hat immer ...« – »Mein Vater wollte nur ...« – »Meine Mutter hat nie ...« – »Ich sollte immer ...« – »Geliebt war ich nur, wenn ...«

Wenn Ihnen solche Sätze in den Sinn kommen, ist es gut, sie auf einem Extrablatt zu notieren. Denn sie sind oft wichtige und sehr hervorgehobene Passagen Ihres Lebensdrehbuchs, und in Schritt drei wird es auch darum gehen, inwieweit diese Leitideen Ihrer jetzigen Lage noch angemessen sind und ob es nicht an der Zeit ist, sie zu verändern: Manche kann man auch ganz über Bord werfen.

Bevor wir uns Schritt drei zuwenden, will ich noch einmal kurz erklären, warum es so wichtig ist, auch mit den eigenen Schmerzensangelegenheiten in Kontakt zu sein.

Unsere Grundhaltung zu diesem Thema ist: Das Leben *ist* brüchig und die Schmerzen gehören dazu. Ohne die Akzeptanz dieser Wirklichkeit müssen wir mit unserem Anspruch auf ein glückliches Leben entweder scheitern oder wir müssen uns solcher Strategien bedienen, die vordergründig zwar funktionieren, nachhaltig aber oft sehr destruktive Wirkungen haben. Diese Strategien gehen weit über die große menschliche Fähigkeit hinaus, schlimme Erfahrungen der Vergangenheit zu verdrängen.

Die schlechten und schlimmen Erfahrungen, die wir in unserer Kindheit und Jugend gemacht haben, ordnen wir ja nicht einfach anderen Personen (etwa unseren Eltern) zu, die dann die Verantwortung dafür übernehmen, sondern wir bringen sie immer auch mit eigenen Empfindungen, Wünschen oder Eigenschaften in Zusammenhang, die vermeintlich schlecht sind und bekämpft werden müssen, weil sie die Liebe unserer Bezugspersonen und damit auch die Beziehung zu ihnen gefährden. Das lässt sich gut an einem einfachen Beispiel erklären.

Ein kleiner Junge wird von seinem Vater immer wieder heftig angegangen, wenn er traurig ist und weint. »Hör endlich auf zu heulen!« oder »Geh in dein Zimmer. Wenn du dich beruhigt hast, kannst du wieder kommen«, könnten solche Reaktionen des Vaters sein. Der Junge lernt dabei nicht, dass sein Vater Schwierigkeiten mit dem Gefühl der Trauer hat und sich deshalb womöglich sogar um professionelle Hilfe bemühen sollte. Vielmehr lernt er, dass seine eigene Traurigkeit, die er ja wirklich empfindet, offensichtlich »falsch« ist, weil sie immer wieder den Kontakt zum Vater abbricht. Das verstärkt den ursprünglichen Schmerz noch und bringt das Kind in ein echtes Dilemma.

Eine mögliche Lösung besteht für den Jungen darin, die eigene Traurigkeit abzuspalten und zu bekämpfen. So wird die wahre Empfindung zum inneren Feind und muss besiegt werden, um die Beziehung (in diesem Fall zum Vater) zu sichern. Im Dienste dieses »Sieges« gibt es dann verschiedene Strategien, die alle einen hohen Preis fordern. Welche Strategie gewählt wird bzw. sich durchsetzt, hängt von mehreren Faktoren ab, sicherlich auch vom Geschlecht.

Mädchen und Frauen neigen auch heute noch eher zu autodestruktiven Mustern: Sie spalten ihre echten Emotionen ab, indem sie psychisch krank werden, sich selbst verletzen oder ihre eigenen Interessen opfern. Der innere Feind kann als so bedrohlich erlebt werden, dass viele Frauen sich selbst dafür hassen und mit ihrer Autodestruktivität auch ihr eigenes Leben in Gefahr bringen. Jungen und Männer neigen nach wie vor eher zu Strategien, die den inneren Feind im Außen bekämpfen und dafür Feindbilder benötigen. Die Projektion ist in diesem Zusammenhang ein klassisches Muster: Das, was ich an mir selbst nicht leiden kann oder hasse, finde und bekämpfe ich in anderen Menschen. Dieses Muster ist eine zentrale Grundlage destruktiver Aggressivität bis hin zu katastrophalen

Erscheinungen wie Fremdenhass, Folter und dem Wahnsinn des Völkermords, der die Geschichte der Menschheit bis heute begleitet.

Die Abspaltung und Bekämpfung eigener Schmerzen und damit verbundener Gefühle hat also nachhaltige Auswirkungen. Sie führt von Selbstüberschätzung bis hin zu Größenwahn. Und sie hat zerstörerischen Einfluss auf jede menschliche Beziehung, weil Beziehungen immer wieder das Risiko beinhalten, mit den eigenen Emotionen in Kontakt zu kommen. Letztlich führt sie zum Verlust der Menschlichkeit und ist somit ein Motor für das ganze Panorama der Maßlosigkeit. Denn die durch den unerbittlichen Kampf gegen den inneren Feind entstehende innere Leere muss durch gefährliche, destruktive und oder absurde Verhaltensmuster kompensiert werden: die Anschaffung unnötiger Dinge, die Anhäufung von Vermögen um jeden Preis, die Ausübung von Macht ohne Rücksicht auf Verluste und oder all die Möglichkeiten süchtigen Verhaltens (Alkohol, Drogen, Arbeit, Sex, Sammeln, Spielen etc.).

Vielleicht haben Sie ja Lust, mal den politischen oder wirtschaftlichen Teil Ihrer Tageszeitung unter diesem Aspekt zu lesen. Sie werden immer wieder auf tragische »Helden« stoßen, die den Kontaktverlust zu ihren eigenen Gefühlen und Schmerzen durch zum Teil spektakuläre Machenschaften zu balancieren versucht haben und nicht selten kläglich dabei gescheitert sind. Leider haben sie häufig genug viele andere Menschen mit in ihr persönliches Drama verwickelt, die dann selbst sehen müssen, wie sie mit dem Debakel fertig werden. Die ganze »New Economy« ist voller Beispiele gescheiterter persönlicher Vergangenheitsbewältigung, die durch ihren Verlust der Menschlichkeit unvorstellbaren wirtschaftlichen, politischen und persönlichen Schaden angerichtet hat.

Für unsere Zwecke dürfte deutlich genug geworden sein,

dass es hilfreich, aber auch notwendig ist, mit unserer Vergangenheit in einem Maß umzugehen, das die eigenen Schmerzen und Gefühle einbezieht, wenn wir uns nicht selbst schädigen und unsere Mitmenschen nicht schikanieren wollen (Letzteres tun wir dann immer noch oft genug). Ohne den Kontakt zu den eigenen Schmerzen und der eigenen in der Kindheit erlebten Ohnmacht laufen wir Gefahr, das Menschliche zu verlieren, unsere Existenz als selbst- und fremdgefährdende »Zombies« zu fristen und das Panorama der Maßlosigkeit zu stabilisieren.

Und damit kommen wir zum dritten Schritt der Selbstbeelterung, dem Bemühen um guten Kontakt zu unserem inneren Kind.

Schritt eins und zwei sind dafür hilfreiche Grundlagen, weil sie Ihr Bewusstsein schon auf die guten und schweren Phasen und Momente Ihres Großwerdens gerichtet haben. Und ich hoffe, dass Sie sich auch die Gefühle erlaubt und zugemutet haben, die sich bei der Betrachtung dieser Szenen einstellen.

Die nächste entscheidende Frage ist: Was braucht das Kind, das ich war und bin, in dieser und jener Situation? Im Prozess der Beantwortung dieser Frage werden Sie nun zum Drehbuchautor, Regisseur und Hauptdarsteller Ihrer eigenen Geschichte. Passenderweise gibt es zu unserem Thema auch einen Hollywoodfilm mit Bruce Willis in der Hauptrolle, dessen Inhalt ich kurz für Sie zusammenfasse.

Der Film heißt ›The Kid – Image ist alles‹ und erzählt die Geschichte eines erfolgreichen, harten, zynischen und machtvollen Imageberaters (Bruce Willis), der auch von vielen Prominenten konsultiert wird, die er ziemlich provozierend und herablassend behandelt. Nur eine »Macke« hat der Imageberater: ein tickartiges Zucken im Gesicht.

Er lebt allein in einer luxuriösen Villa, die von technisch

ausgeklügelten Alarmanlagen gesichert wird. Dennoch gelangt eines Abends, wie durch Wunderhand geleitet, ein kleiner Junge in die Villa. Der adipöse Kid sitzt plötzlich dem damit völlig überforderten und hilflosen Herrn des Hauses gegenüber, und schnell stellt sich heraus, wer Kid ist: Er ist der Imageberater selbst, und zwar im Alter von acht Jahren.

Im Hauptteil des Films entwickelt sich zwischen den beiden eine sehr anrührende Beziehung, obwohl der Große den Kleinen anfangs so schnell wie möglich wieder loswerden möchte. Beide fahren gemeinsam los und landen in der Schule, die der Große als Kind besucht hat. Auf dem Schulhof wird der Kleine – wie einst der Große – in eine Schlägerei verwickelt. Doch unter den sehr ermutigenden Blicken des Großen versetzt er seinem Widersacher diesmal den siegbringenden Kinnhaken. »Hurra, ich hab's geschafft«, ruft der Kleine aus und läuft dem Großen in die Arme.

Beide sind aufrichtig stolz, aber Kid hat ein blaues Auge und muss zum Arzt. Jetzt kommt die Schlüsselszene: Kids Mutter, sterbenskrank, begleitet ihren Sohn selbstverständlich und tröstet ihn liebevoll. Zu Hause erhält sie dafür Vorwürfe von ihrem Mann: »Was machst du denn, du sollst doch die Wohnung nicht verlassen!« Die Frau erklärt ihm kurz, was geschehen ist, und da stürzt der Vater zu seinem Sohn: »Was machst du Bengel für Unsinn? Willst du, dass deine Mutter noch früher stirbt?« Der Kleine weint heftig, sein Vater brüllt ihn nur noch mehr an und scheint ihm die Tränen aus dem Gesicht geradezu wegzudrücken. Dann lässt er seinen Sohn stehen und geht.

Kid weint immer noch und läuft zum Großen, der die Szene hinter einem Baum stehend verfolgt hat. »Bin ich schuld, wenn Mami stirbt?«, fragt der Kleine unter Tränen. Der Große nimmt ihn fest in die Arme und sagt:

»Nein, du bist nicht schuld.« Und nach einer kleinen Pause: »Dein Vater hat einfach große Angst, weil er nicht weiß, wie er es anstellen soll, wenn er ganz alleine für dich zuständig ist!« Jetzt hat auch der Große Tränen in den Augen und sagt: »Jetzt weiß ich auch, woher ich das Zucken habe.« Arm in Arm gehen beide zum Auto und anschließend zum Essen.

Hollywood liefert bisweilen gute Vorlagen für persönliche Drehbücher, und es rührt sehr an zu sehen, wie der Kleine bekommt, was er braucht, und wie die Seele des Großen diese Begegnung so heilsam erlebt, dass sein Zucken aufhören kann. Dieses Zucken war gewissermaßen das Relikt der kindlichen Schmerzen, das sich im Leben des Erwachsenen immer wieder Bahn bricht und jetzt aufhören kann, weil der Große sich erlaubt, die kindlichen Gefühle wiederzuerleben, und sie in sein Leben integriert. Dem Zuschauer bleibt es am Ende überlassen zu fantasieren, wie sich das private und berufliche Leben des Großen ändern wird, wenn er jetzt ohne den unmittelbaren Kontakt zum Kleinen in seinen Alltag zurückkehrt.

Sie können ja mal selbst überprüfen, ob der Film ein gutes Modell für die eigene Selbstbeelterung liefert. Ansonsten sind Sie als Regisseur und Autor völlig frei und können Ihre Szenen entlang der Frage »Was braucht das Kind in diesem Moment?« ausgestalten, immer achtsam gegenüber dem, was Ihnen gut tut.

Auch in der Form stehen Ihnen alle Möglichkeiten offen. Sie können tatsächlich ein Drehbuch verfassen, desgleichen können Sie Ihrem inneren Kind Briefe schreiben, in denen Sie auf vergangene Erfahrungen und Episoden eingehen. Sie können diese Briefe auch tatsächlich abschicken, an Sie selbst adressiert, und sich überraschen lassen, wenn Sie die Post aufmachen und lesen.

Eine ganz andere Möglichkeit ist, dass Sie zu wichtigen

Orten Ihrer Kindheit reisen und Ihrem inneren Kind erklären, wie es damals war und wie dies und jenes passieren konnte. Vielleicht gehen Sie auch »gemeinsam« auf den Friedhof, zu den Gräbern Ihrer Eltern oder anderer wichtiger Vorfahren, um die eine oder andere schlimme Erinnerung »gemeinsam« zu beerdigen – was jetzt möglich ist, weil das Kind nicht mehr allein ist.

Sie können sich Ihre kindliche Entwicklung auch als Linie vorstellen, etwa in Gestalt eines dicken Seils. Und entlang dieses Seils reihen Sie mithilfe von Zetteln oder anderen beliebigen Symbolen (Steine, Spielsachen, Kastanien) alle Episoden, Erinnerungen und Erfahrungen auf, die Sie nach Schritt eins und zwei besonders beschäftigen.

Eine weitere Möglichkeit besteht darin, dass Sie noch einmal die Speisekarten Ihrer Kindheit durchforsten und überlegen, ob Sie sich nicht noch einmal mit genau jener Pizza oder dem leckeren Kakao verwöhnen wollen, den Sie als Kind so geliebt haben. Geruch und Geschmack sind für diesen Prozess sehr hilfreiche Sinne. Und im guten Kontakt mit dem inneren Kind mal wieder eine Limonade zu trinken ist auch gesünder als im Kontakt mit der aktuellen Frustration noch ein Bier zu bestellen

Ich selbst habe mich in einer schweren Lebenskrise an die vielen Ferien erinnert, die ich als Kind mit meinen Eltern an der Adria verbracht habe. Den Strand und das ganze Strandleben habe ich in sehr schöner Erinnerung. Und so habe ich dann angefangen, den kleinen Jungen in mir an die Hand zu nehmen und lange mit ihm am Strand entlangzugehen. Er fragt mir dann auch mal Löcher in den Bauch und ich versuche, so gut es geht, zu antworten. Aber wir gehen und reden nicht nur! Wir schwimmen auch oder plantschen, gönnen uns ein Eis oder bauen Sandburgen, die jeder Flut standhalten, wovon wir beide überzeugt sind.

Was auch immer Sie anstellen, tun Sie es alleine, wenn Sie es alleine machen möchten, und holen Sie sich Unterstützung, wenn Sie glauben, sie könnte Ihnen gut tun. Jedenfalls müssen Sie sich nicht alleine auf den Weg machen, was ich hiermit ausdrücklich anmerke, weil viele Menschen aufgrund schlechter Erfahrungen einem inneren Konzept wie »Selbst ist der Mann/die Frau!« folgen und dessen Richtigkeit gar nicht mehr überprüfen. In unserer Praxis machen wir immer wieder Familienrekonstruktionen mit Gruppen (etwa zehn Personen) über mehrere Tage, die natürlich eine ganze Menge zusätzlicher Möglichkeiten angewandter Selbstbeelterung bieten, weil eben mehr Menschen mit dem gleichen Interesse zusammen sind und sich in diesem Interesse wunderbar unterstützen können. Nachdem die ersten Hemmschwellen überwunden sind, ist die Erfahrung dann immer, dass es gut tut, die eigenen Leiden und Nöte mit anderen Menschen zu teilen und eben auch zu erfahren, dass man mit der eigenen, oft schamhaft erlebten Geschichte keineswegs allein ist. Immer wieder stellt man dann erstaunt fest, dass andere ganz Ähnliches erlebt haben, und manchmal ist auch die Erkenntnis heilsam, dass andere Menschen noch Schlimmeres durchgemacht haben.

Die zentrale Bedeutung der Idee der Selbstbeelterung ist also, mit den eigenen Wunden, den eigenen Gefühlen, kurzum mit dem inneren Kind in gutem Kontakt zu sein und immer wieder nach Möglichkeiten zu suchen, diesem Kind zu geben, was es für sein Wachsen noch braucht. Und immer wenn dies gelingt, wächst nicht nur das Kind in mir, sondern auch ich als Erwachsener komme mit mir, meinen Stärken und Schwächen, meiner Sehnsucht ins Reine. Ich kann Möglichkeiten entwickeln, an den Teilen in mir, die ich nicht so gut akzeptiere, etwas zu verändern, dazuzulernen, Verhaltensweisen abzulegen oder mein Leben anders zu gestalten. Aber ich werde mich mit der Zeit auch mit der Tatsache befrieden, dass ich meine Grenzen habe, gegen die ich nicht mein Leben lang ankämpfen kann.

Ich werde zudem humorvoll feststellen, dass ich nicht immer ein Held oder gar ein Heiliger bin, eine Erfahrung, die schmerzt (weil mir ja die eine oder andere Perle aus der Krone fällt), die aber auch eine gute Portion Bescheidenheit mit sich bringt, die mein Leben sehr entlastet. Das bedeutet ja nicht, dass ich mich jetzt auf die faule Haut lege und den lieben Gott einen guten Mann sein lasse. Es bedeutet vielmehr, dass sich meine Haltung ein wenig verändert und realistischer wird. »Ich mache es, so gut ich kann«, könnte ein bekömmliches Motto sein, und diese Haltung kommt den Möglichkeiten menschlicher Existenz wesentlich näher als die größenwahnsinnige Überzeugung: »Ich schaffe alles, wenn ich nur will!« – »Ich mache es, so gut ich kann« ist auch ein weitaus lebensfreundlicherer Anspruch als verbreitete Selbstkonzepte wie »Das schaffe ich nie!«, »Das wird sowieso wieder nichts!« oder »Das habe ich noch nie hingekriegt.«

Solche depressiv gefärbten Selbstaussagen sind häufig Ergebnisse misslungener Vergangenheitsbewältigung und bedeuten oft, dass ich die Vergangenheit, meine Eltern oder alle möglichen anderen Umstände dafür verantwortlich mache, dass ich mit meinem jetzigen Leben nicht zufrieden bin. Mit dieser Haltung bleibe ich letztlich in kindlicher Abhängigkeit und darauf angewiesen, dass ein Heiler, ein Prophet, ein Partner oder Zauberer kommt, der es für mich richtet. Doch darauf muss ich meistens lange – oder sogar vergeblich – warten und bin gleichzeitig in Gefahr, den Verlockungen »falscher Götter« und zwielichtiger Magier aufzusitzen, die mir das Blaue vom Himmel versprechen, um letztlich meine Abhängigkeit zu zementieren. Das kann es nicht sein.

Der Hader mit der Vergangenheit, so berechtigt er sein mag, bringt mich nicht weiter. Im Gegenteil, er verhindert oft, dass ich nehmen kann, was ich noch brauche. Es gibt die immer wieder anzutreffende Erfahrung, dass Menschen, die früh und mit fliegenden Fahnen von zu Hause weggegangen sind (weil es so unerträglich war oder warum auch immer), in späteren Jahren noch einmal zurückkommen müssen, weil ihre Selbstständigkeit noch nicht unter dem guten »Segen« ihrer Eltern steht und sie das daran merken, dass sie im eigenen Leben an bestimmten Punkten immer wieder Misserfolge ernten.

Oft steht dem aber der Stolz im Weg, der alte Grant, der uns bei dieser Vorstellung eher in Empörung versetzt als erleichtert. Interessanterweise scheint dieser Stolz bei Eltern auch über Hunderte von Kilometern hinweg zu bewirken, dass sie umso stärker in ihrer sorgenvollen Elternrolle verharren und nicht aufhören, uns auf ihre Weise auf einen erwachsenen Weg zu bringen. (Das ist wohl ein Urinstinkt.) Doch diese Art der Beelterung macht uns ärgerlich und trotzig, und wenn es ungünstig läuft, entsteht ein richtiger Teufelskreis, der alle Beteiligten an ihre alten, eigentlich überkommenen Positionen bindet.

Als sinnvolle Ergänzung zur Idee der Selbstbeelterung plädiere ich deshalb dafür, die alten Geschichten zu gegebener Zeit auch einmal abzuschließen, mit »den Alten« in einen inneren Frieden zu kommen und für den Rest dann in eigener Verantwortung zu sorgen. Das kann bedeuten, dass ich noch einmal zu meinen Eltern fahre und tatsächlich versuche, in einen anderen Kontakt mit ihnen zu kommen. Das kann aber auch ein innerer Prozess sein, ein innerer Dialog mit Vater und/oder Mutter. Dafür kann es hilfreich sein, dass Sie ein Foto von Ihren Eltern oder einem Elternteil hervorkramen und an einen Platz stellen, an dem Sie es jeden Tag sehen können. Vielleicht sind für

Sie auch einige Sätze hilfreich, die sich in der Praxis immer wieder bewährt haben:

»Nehmt mich noch einmal richtig in den Arm, damit ich für meinen weiteren Weg auch eure Kraft mitnehmen kann.«

»Manches mache ich auch wie du.«

»Ich bin auch eine Huber!« (Manchmal ist es gut, in diese Aussage auch die Großeltern einzubeziehen, da die kraftvollen Wurzeln eines Lebens ja weit über die Eltern hinausgehen.)

»Du hast mir sehr gefehlt.« (Wenn ich mit meiner echten Sehnsucht in Berührung bin, die damals nicht erfüllt werden konnte.)

Wenn Sie mit Ihrem inneren Kind in gutem Kontakt sind, fallen Ihnen sicherlich selbst Sätze ein, die für diesen inneren Dialog hilfreich sind. Und diesen Dialog können Sie auch führen, wenn Ihre Mutter oder Ihr Vater schon gestorben ist.

Wann ist nun der rechte Zeitpunkt, mit der Selbstbeelterung zu beginnen? Auch das muss jeder für sich selbst herausfinden. Die Erfahrung zeigt allerdings, dass die Lebensmitte eine gute Phase ist, die Dinge der Vergangenheit in Ordnung zu bringen, sich von einigem zu verabschieden und Selbstverantwortung ganz zu übernehmen. Natürlich kann man auch viel früher damit anfangen, und wer es im Leben leichter hatte, wird das ohnehin tun. Einzelkinder wie ich brauchen etwas länger, und überhaupt halte ich es mit der Devise: »Es ist nie zu spät.«

Als Indikatoren für den richtigen Zeitpunkt für die Beschäftigung mit der eigenen Vergangenheit können Sie immer die eigene Unzufriedenheit mit dem Leben nehmen. Diese Unzufriedenheit manifestiert sich gerne in Sätzen wie: »Ich kann erst, wenn …« oder »Ich kann nicht, weil …«

Wenn Sie Lust haben, nehmen Sie sich noch etwas Zeit und notieren Sie auf einem Blatt Ihre Lebensträume und Visionen, gerne auch solche, die Sie schon in die Schublade »Abgehaktes« gelegt haben (schlimmstenfalls kommen sie hinterher wieder rein). Verscheuchen Sie freundlich möglicherweise sofort aktiv werdende innere Zensoren und schreiben Sie frank und frei, was Sie sich vom Leben noch wünschen oder was auch immer Sie schon erhofft und gewünscht haben. Denken Sie dabei an Ihre berufliche Karriere (Status, Einkommen, Mitarbeiter, Einfluss, Verantwortung etc.) genauso wie an Ihr Privatleben (Liebe, Ehe, Kinder, Wohnung, Freundeskreis, Hobbys etc.).

Und wenn Sie alles aufgeschrieben haben, nehmen Sie zwei weitere Blätter; das eine betiteln Sie mit »Wenn ich erst mal, dann …« und das andere mit »Ich kann nicht, weil …«. Und jetzt überprüfen Sie bei jeder bereits notierten Vision aufrichtig, welche Hindernisse Ihren Fantasien entgegenstehen. All die Dinge, die Sie vermeintlich erledigen müssen, bevor Sie zur Tat schreiten können, schreiben Sie auf das eine Blatt, und alle Gründe, die historisch Ihrer Vision entgegenstehen, schreiben Sie auf das andere Blatt.

Zum Beispiel: Wenn ich erst mal zehn Kilo abgenommen habe, werde ich viele Aktivitäten starten, um die Frau meines Lebens zu finden. Oder: Ich kann mich auf viele Stellen, die ich gerne hätte, gar nicht bewerben, weil mir dazu von Kindesbeinen an das nötige Selbstvertrauen dafür fehlt.

Sie müssen diese Übung nicht in einem Rutsch machen, sondern können die Blätter auch ein paar Tage liegen lassen und sie immer wieder ergänzen. Und ganz in Ihrer eigenen, Ihnen angemessenen Geschwindigkeit werden Sie fertig und können die drei Blätter dann als Grundlage für die Entscheidung nehmen, ob Sie jetzt schon oder erst zu einem späteren Zeitpunkt aktiv werden wollen.

All die hier beschriebenen Prozesse zur maßvollen Rückschau wollen nicht die Illusion schüren, dass alles gut ist, wenn ich nur die Vergangenheit gut bewältigt habe. Sicher helfen sie, vieles in Ordnung zu bringen und auch dem persönlichen Glück etwas näher zu kommen. Aber – wie Sie schon ahnen – es gibt auch Dinge, Erfahrungen, Entbehrungen oder Enttäuschungen, die uns im Leben immer wieder begegnen, uns leiden, zweifeln, manchmal auch verzweifeln lassen und uns darauf hinweisen, dass das Glück nicht unerschöpflich ist. Die Zeit des Paradieses ist eben schon lange vorbei!

Nehmen Sie solche Situationen einfach als Einladung, noch einmal etwas zu unternehmen, und entscheiden Sie in aller Freiheit, ob Sie die Einladung annehmen oder nicht. Hinweise für die Beschäftigung mit wichtigen Lebensthemen und Herzensangelegenheiten werden Sie immer wieder bekommen, und über ihre Nutzung können Sie auch immer wieder entscheiden.

Und dann wäre noch zu sagen, dass Sie nicht glauben müssen, wahres Glück sei nur dann möglich, wenn wirklich alles »aufgearbeitet« ist. Auch diesen Anspruch halten wir für maßlos, schon weil wir wissen, dass es Beschädigungen im Leben gibt, deren Verdrängung und Vergessen völlig in Ordnung und gesund ist. Es ist gut und heilsam, wenn über manche schlimmen Erfahrungen einfach das Gras der Zeit wächst. Da sind wir uns auch mit unserem berühmten Kollegen Paul Watzlawick sehr einig, der vor therapeutischen Eseln warnt, die das Gras wegfressen, das gerade so schön gewachsen war.

Alle Materialien, die Sie im Laufe dieses Kapitels angefertigt haben, legen Sie bitte an einen guten und sicheren Platz. Sie können sie dann immer wieder einmal hervorholen, ergänzen, korrigieren, entsorgen oder auch mitbringen, wenn Sie einmal zu einem unserer Seminare kommen sollten.

Zur Kunst des Entsorgens und Aufbewahrens

Dieses Kapitel schließt an die Spaziergänge in die Vergangenheit an, indem es sich auf die Schwelle zwischen Gegenwart und Zukunft bezieht. Es ist nichtsdestoweniger mit vielem verbunden, was wir aus alten Tagen aufbewahrt, hinübergerettet, aufgeschoben, aufgehoben, eingelagert, vergessen oder für irgendwelche Zwecke noch behalten haben.

Im Folgenden geht es gewissermaßen um die liebevolle, aber helle Beleuchtung Ihrer Lebensräume mit dem Ziel aufrichtiger und entlastender Sortierung. Es geht um Ausmisten und Entrümpeln und – damit zusammenhängend – um die Konstruktion neuer Lebensräume. Aber es geht auch um Abschied, ein Thema, von dem ich behaupte, dass es immer wieder unterschätzt wird.

Es geht um den fälligen Abschied von Dingen, aber auch um die Entsorgung nicht-materieller Angelegenheiten, die uns belasten und Energie rauben, oft ohne dass es uns klar wird. Und schließlich geht es um die Erzeugung einer heiteren Aufbruchstimmung, die für die Lektüre der weiteren Kapitel im Speziellen und für Ihr weiteres Leben im Allgemeinen allemal zweckmäßig ist.

Und wieder gilt: Wir, die Autoren, haben da den Stein der Weisen bei Gott noch nicht gefunden. Wir beide sind virtuose Gestalter von Stapeln und verlieren auch gerne mal den Blick für das Wesentliche in der Fülle des Unerledigten. Mit der ordnenden Disziplin haben wir so unsere liebe Not, auch zum Leidwesen unserer geliebten Frauen, und wir kennen gut die sentimental gefärbten Anflüge der Depression, wenn es darum geht, sich des lieb und vertraut Gewordenen zu entledigen, weil es einfach dran ist.

Sie ahnen nicht, wie viele blaue, gut gefüllte Plastiksäcke unsere Wohnung verlassen haben, nur weil ich begann, mich seelisch auf das Verfassen dieses Kapitels vorzubereiten. Und dass zeitgleich noch tief greifende Abschiede von alten Angewohnheiten, aber auch von Teilen alter Lebensentwürfe auf die Tagesordnung kamen, wird wieder dem Ihnen schon vertrauten Motto gerecht: Jeder schreibt das Kapitel, das er gerade selbst gut bearbeiten kann (und muss).

Also beginnen wir auf sicherem Terrain, da, wo Sie noch nicht mit großen Konsequenzen rechnen müssen. Wenn Sie gerade mal genug in diesem Büchlein gelesen haben, stehen Sie auf und machen Sie einen Rundgang durch Ihr Haus oder Ihre Wohnung. Gehen Sie in jedes Zimmer, öffnen Sie alle Schränke und Schubladen, nur um einen ersten Überblick zu bekommen, was dort alles aufbewahrt wird. Langsam! Bevor Sie losgehen, erlauben Sie sich einmal zu schätzen, auf wie viel Prozent Ihres im Hause gelagerten Warenbestandes sie getrost verzichten können, wenn Sie an die letzten zwölf Monate denken. Schreiben Sie die Zahl auf einen Zettel.

So, und jetzt gehen Sie los, nur um zu schauen. Einzige Regel ist, dass Sie keine Kammer auslassen, und das gilt auch für Keller, Speicher, Gartenhäuschen und Garage.

Es kann gut sein, dass Sie zwei, drei Anläufe benötigen, aber irgendwann sind Sie mit Ihrem Rundgang fertig. Dann nehmen Sie den Zettel mit Ihrer Prozentschätzung und können jetzt gegebenenfalls eine Korrektur vornehmen (nach aller Erfahrung nach oben).

Und jetzt? Langsam! Gehen Sie erst einmal spazieren, in die Sauna oder etwas Leckeres essen. Man soll ja nichts überstürzen. Nur wenn Sie gar nicht mehr zu halten sind, legen Sie einfach los und können dann weiter unten stehende Anregungen zum Ausmisten und Entsorgen nutzen.

Zunächst wollen wir etwas von unserer Philosophie des Bewahrens und Entsorgens zum Besten geben. Dazu vorab zwei interessante Zahlen: Statistisch sollen pro Haushalt im Durchschnitt etwa zehntausend Gegenstände aufbewahrt und davon lediglich dreißig Prozent regelmäßig gebraucht werden. Offensichtlich sind auch in diesem Bereich Maße durcheinander geraten, und man fragt sich, wie es zu diesem Missverhältnis von Bestand und Nutzen kommt.

Eine Hypothese lautet, dass es etwas mit der Geschwindigkeit unseres Lebens zu tun hat. Sie hindert uns offensichtlich immer wieder daran, uns zur rechten Zeit von Dingen zu trennen, die wir gar nicht mehr benötigen. Ich behaupte ja, dass unsere Seele mit unserem durchschnittlichen Lebenstempo nicht mithalten kann. Die Erfahrungen auf Flugreisen sind dafür ein gutes Beispiel: Während unser Leib bereits am Zielort eingetroffen ist, ist die Seele noch unterwegs. Vielleicht ist die Tendenz zum Aufbewahren einfach ein Versuch der Seele, deutlich zu machen, dass das Gesamttempo zu hoch ist, und damit eine ständige Einladung, einen oder zwei Gänge runterzuschalten.

Besucher aus östlichen Kulturen jedenfalls äußern sich immer wieder sehr beeindruckt von der Geschwindigkeit in unserem Alltag, fühlen sich davon überfordert oder entwickeln Strategien des Bremsens, was uns dann als Trödeln oder Nicht-in-die-Pötte-Kommen auf die Nerven geht (wir müssen schließlich weiter!).

Eine unmittelbare Konsequenz (zu) hohen Tempos ist das Phänomen der Flüchtigkeit, die sich nicht nur in gleichnamigen Fehlern manifestiert, sondern auch in der schwindenden Fähigkeit zu verweilen. Und wo wir nicht mehr verweilen können, kann es uns auch nicht mehr gelingen, die wirkliche Bedeutung einer Situation, eines Objekts, eines Menschen oder einer Beziehung zu erfassen. Dinge bleiben dann liegen, Pflanzen gehen ein, Menschen treten in den Hintergrund und Beziehungen werden vernachlässigt.

Ganz offensichtlich geht es uns in vielen Lebenslagen wie Kindern mit der Diagnose Aufmerksamkeitsdefizit-

Syndrom (ADS), die viele verschiedene Reize mit gleicher Intensität im Gehirn nicht mehr verarbeiten können, so dass sie völlig unfähig sind zu entscheiden, was im Moment wirklich wichtig ist. Und dieser Stress führt dann paradoxerweise noch einmal zu einer Erhöhung der Geschwindigkeit, so dass ein richtiger Teufelskreis in Gang kommt. Bei vielen Menschen kann dieser Teufelskreis nur noch durch heftige Interventionen des eigenen Körpers durchbrochen werden, wenn etwa eine schwere Erkältung, ein Hörsturz oder gar ein Herzinfarkt dazu zwingt, endlich Ruhe zu geben.

Vielleicht verspüren Sie ja einmal Lust, Ihr eigenes Tempo und möglicherweise damit verbundene Erfahrungen von Flüchtigkeit zu untersuchen. Ich kann Ihnen nur sagen: Meine Entdeckung der Langsamkeit (›Die Entdeckung der Langsamkeit‹ von Stan Nadolny ist ein sehr empfehlenswerter Roman, den schnelle Menschen nach wenigen Seiten meist wieder zur Seite legen) hat mein Leben sehr viel reicher gemacht, und ich schätze mittlerweile meine Lust am Nein zu temporeichen Planungen, Unternehmungen oder Entscheidungen.

Aufbewahren kann also aus unseren Schwierigkeiten resultieren, mit dem Tempo unserer Gegenwart Schritt zu halten. Aufbewahren kann aber auch eine Folge unserer Schwierigkeiten sein, von der Vergangenheit Abschied zu nehmen. Jeder Gegenstand hat für uns eine oder mehrere Bedeutungen und – damit verbunden – auch energetische Qualitäten als Energiezufuhr oder Energieverbrauch. Das wird im Alltag häufig unterschätzt, und ich will deshalb einige, Ihnen sicherlich vertraute Beispiele nennen:

- Vor vielen Jahren haben Sie von Ihrem damaligen Partner ein Geschenk – sagen wir eine CD – bekommen. Was passiert, wenn Sie die CD entdecken und die Musik hören? (Achten Sie bitte nur darauf, was mit Ihnen passiert, anstatt darüber nachzudenken, mit welcher Reaktion ich rechne!)

- Im Schrank ruht die Briefmarkensammlung aus Kindertagen, bereichert durch Marken Ihrer Großeltern und Ihres Vaters. Wie genau denken sie über diese Sammlung?
- Die Einkommenssteuerformulare liegen (unausgefüllt) seit drei Wochen auf Ihrem Schreibtisch, und Sie kennen die Emotionen, womöglich sogar die physiologischen Reaktionen, die jedes Mal auftreten, wenn Sie auf Ihren Schreibtisch schauen.
- Im Keller steht noch diese Vase, ein Erbstück Ihrer Urgroßtante. Mit welchem Auftrag an Sie, den Erben, hat die längst verstorbene Tante diese Vase wohl hinterlassen?
- Oder denken Sie an Ihre reichhaltigen Fotobestände und prüfen einmal, in welchem Zimmer Ihrer Wohnung Fotos aus früheren Liebesgeschichten verwahrt werden. Manchmal sind die Ex-Partner einfach an der falschen Stelle und haben dann keine gute Wirkung!

Welche Bedeutung Dinge haben, mit welcher Form von Energie sie verbunden sind und inwieweit sie Energie abziehen (zum Beispiel weil sie schlechtes Gewissen, Schuld- oder Schamgefühle, Ärger oder Wut auslösen) können nur Sie selbst herausfinden. Doch wir möchten Sie ermutigen, es herauszufinden, damit Sie dann entscheiden können, ob Sie diese Dinge entsorgen oder aufbewahren. Wenn Sie alles so lassen, wie es ist – auch eine Option –, müssen Sie allerdings damit rechnen, dass die Bedeutung alles Aufbewahrten wirkt und der Fluss Ihrer Energie entsprechend – und nicht unbedingt positiv – beeinflusst wird. Für die Kunst der Selbstregierung ist ein hohes Maß an Wissen um die eigenen

Angelegenheiten eine wichtige Voraussetzung. Und längst vergessener Plunder ist dem ebenso abträglich wie die sprichwörtlich gewordenen Leichen im Keller.

Letztgenannte treiben ihr Unwesen gerne als vernachlässigtes Gerümpel, unachtsam verwahrte Fotos, Dokumente oder der Erinnerung gänzlich entschwundene »Rumstellchen«, die einen manchmal an alte Zeiten fesseln, die längst vorbei sind.

Noch ein anderer Aspekt des Themas Entsorgen und Aufbewahren ist die leidige Ordnung und die überhaupt nicht neue Behauptung, dass die Art und Weise, wie wir um uns herum Ordnung schaffen, den Zustand unserer inneren Ordnung repräsentiert. Man kann sich nun auf den Weg der Suche und des Schaffens einer neuen inneren Ordnung machen, verbunden mit der Hoffnung, dass sich dieser Prozess irgendwann einmal auch auf dem Schreibtisch, bei ganz günstigem Verlauf sogar in Keller und Speicher bemerkbar machen wird. Es ist natürlich ganz und gar nichts dagegen zu sagen, die Ordnungsfrage in dieser Reihenfolge anzugehen. Ergebnisse sind aber womöglich nicht so schnell sichtbar wie gewünscht.

Man kann die Problematik der inneren und äußeren Ordnung auch parallel oder eben in umgekehrter Reihenfolge anpacken: Sie entwickeln eine neue Ordnung in Ihrer Wohnung bzw. an den Orten, an denen Sie es für erforderlich halten, und können darüber hoffen, dass sich über diesen Ordnungsprozess auch die inneren Dinge neu und besser sortieren. Und wenn Sie in diesen Prozess ein wenig Disziplin und Durchhaltevermögen investieren, können Sie auf jeden Fall mit schnell sichtbaren Ergebnissen rechnen.

Uns Deutschen werden ja gerne gewisse neurotisch-zwanghafte Züge in punkto Ordnung nachgesagt, sicherlich auch zu Recht. Warum also nicht diese Diagnose einmal positiv umdeuten und die vorhandenen zwanghaften Züge zumindest so lange nutzen, bis die von uns gewünschte äußere Ordnung erreicht ist. Und wenn uns dies gelingt, tun wir gleichzeitig erfolgreich etwas gegen depressive Anflüge, weil Selbstwirksamkeit ein natürlicher Feind der Depression ist. (Depression ist ja – vereinfacht ausgedrückt – die subjektive Einschätzung, dass ich nichts tun kann; wenn ich aber etwas tue, zum Beispiel ausmisten, komme ich zu einer anderen Einschätzung.)

Lassen Sie uns genau an dieser Stelle wieder ans Praktische gehen. Nehmen wir an, dass Sie Lust bekommen haben, Ihren Beständen ein wenig auf den Leib zu rücken.

Um tatsächlich anzufangen, brauchen Sie Zeit, und diese Zeit muss zu Ihrem Vorhaben passen. Es gibt leider keine Maßzahl min/m2, aber es gibt die Erfahrung, dass Sie jetzt nicht geschwind zu guten Ergebnissen kommen, sondern in der Regel länger brauchen, als Sie vorher denken. Verweilen ist die angemessene Beschreibung Ihrer Tätigkeit. Stellen Sie sich also folgendes Szenario vor: Sie haben ausgeschlafen (weil Sonntag ist) und gut gefrühstückt, vielleicht noch gemütlich Zeitung gelesen, und Sie haben in den nächsten Stunden keine Verabredung (treffen höchstens heute Abend einen alten Kumpel oder schauen um 20.15 Uhr Tatort).

Nun betreten Sie den Raum, der für Ihr Leben der wichtigste ist. (Aber das ist eine Typfrage; andere fangen vielleicht lieber in der Kammer an, die sie am längsten nicht mehr betreten haben und in der sie den größten Teil des nicht mehr benötigten Krempels vermuten.) An Utensilien hilfreich sind: Schaufel und Besen, Staubsauger, eine Kiste für zu entsorgendes Papier und entsprechende Behältnisse für andere Dinge, von denen Sie sich verabschieden.

Wer mag, kann eine schöne Musik auflegen, sich einen guten Tee machen. Insgesamt sollten Sie darauf achten, nicht (zu sehr) abgelenkt zu werden; vielleicht ist es deshalb auch sinnvoll, das Telefon für eine Weile auszuhängen.

Und dann fangen Sie an. Eine bewährte Methode ist, jedes Ding in die Hand zu nehmen und es so anzuschauen, dass Sie seine Bedeutung erfassen, womöglich auch die Energie, die von diesem Ding ausgeht. Manchmal geht das ganz schnell, manchmal brauchen Sie etwas länger. Und dann können Sie unter drei Entscheidungsmöglichkeiten wählen:

1. Das Ding kommt weg. Also weg damit!
2. Ich bin mir noch nicht so sicher und lege das Ding auf einen Haufen, der zu einem späteren Zeitpunkt nochmaliger Durchsicht bedarf. (Auf diesem Haufen landen zu Anfang mehr, nach längerer Erfahrung weniger Dinge.)
3. Das behalte ich. Und überlege mir, an welchem Platz ich es aufbewahre.

Achten Sie bitte immer wieder auf Ihre Geschwindigkeit, damit Sie nicht flüchtig werden. Wenn Sie bei bestimmten Dingen merken, dass Sie länger brauchen, nehmen Sie sich die Zeit. Manches mag Sie einladen, ein wenig tiefer einzutauchen, sich mit den eigenen Erinnerungen zu beschäftigen, zu staunen, was man da alles entdeckt, sich zu freuen, dass man dies wieder gefunden hat, oder auch sich zu ärgern, dass es immer noch rumliegt. Bei alten Kisten mit Fotos oder Mappen mit alten Briefen dauert der ganze Prozess etwas länger (das darf und muss so sein). Wie auch immer: Geben Sie Ihrer Seele die Zeit, die sie braucht (sie nimmt sonst auch immer Rücksicht auf ihre Geschwindigkeit). Vor allem gilt der Grundsatz: Besser wenig gut ausgemistet als vieles oberflächlich!

Wenn Sie erschöpft sind, machen Sie eine Pause, und wenn Sie merken, dass Sie gar nicht mehr können, hören

Sie für heute auf. Bringen Sie die zu entsorgenden Dinge aus der Wohnung und verabreden Sie mit dem Rest, wann Sie sich wieder treffen. – Dieser Vorschlag klingt etwas animistisch (Dingen den Charakter eines lebendigen Wesens gebend), ist aber ein gutes Ritual, das dafür sorgt, dass die Reststapel in der Zwischenzeit keinen unnötigen Druck ausüben. Den brauchen Sie nicht, das Leben ist auch so hart genug.

Achten Sie aber grundsätzlich darauf, dass Sie ein Ausmistungsvorhaben auch wirklich zu Ende bringen. Unsere Tendenz zur Flüchtigkeit verführt uns gerne, mittendrin aufzuhören und den Rest für unbestimmte Zeit liegen zu lassen. Doch dann entwickelt sich dieser Rest zu einer Baustelle, die wieder Energien bindet und uns mit jedem Tag mehr davon abhält, noch mal ans Werk zu gehen. Also nehmen Sie sich vor allem am Anfang nicht zu viel vor, lieber ein erstes kleines Projekt, das Sie dann gut und ohne Reste zu einem guten Ende bringen.

Wann immer Sie eine Pause machen oder etwas zu Ende gebracht haben, gönnen Sie sich bitte eine kleine Belohnung – ein kleines »Freudchen«, wie eine befreundete Therapeutin es genannt hat. Belohnungsrituale sind ja leider wie viele andere Rituale ein wenig aus dem Blick geraten, was wir bedauerlich finden. Und nachdem die Belohnungskultur in unseren Breiten ohnehin ziemlich unterentwickelt ist, freut sich unsere Seele, wenn wir wieder lernen, uns für gute Taten selbst zu honorieren. Und das ist für uns viel angenehmer als die verbreitete Tendenz der Selbstbeschimpfung wie zum Beispiel: »Ich muss schon ganz schön gestört sein, all diesen Krempel über Jahre mitgeschleppt zu haben!«

Wenn Sie erste gute Erfahrungen mit diesem Prozedere des Aufbewahrens und Entsorgens gemacht haben, können Sie sich überlegen, ob Sie dieser immer mal wieder nötigen Prozedur nicht mit einer gewissen Regelmäßigkeit nachkommen wollen. Damit lässt sich das automatische Anwachsen von Stößen und Halden einigermaßen kontrollieren, und Sie entfalten durch die Wiederholung ein wachsendes und wacheres Bewusstsein für Ihre tatsächlichen Bedürfnisse nach Dingen.

Unsere Bedürftigkeit nach Dingen hat ja in der westlichen Welt schon lange das rechte Maß überstiegen, wird jedoch ungebrochen von der werbenden Medienlandschaft am Leben gehalten. Umso wichtiger ist die Frage geworden: Was brauche ich wirklich und wozu brauche ich es eigentlich? Die aufrichtige Antwort auf diese Frage ist meist ziemlich ernüchternd und dürfte der Wirtschaft letztlich ganz schön Kopfzerbrechen verursachen.

Aber während wir darüber nachdenken, merken wir auch, dass die ganze Angelegenheit gar nicht so einfach ist. Wir stellen fest, dass wir uns auch mit vielen Dingen umgeben, weil sie »zu uns gehören«, fast als wären sie Teil unserer Persönlichkeit, die sich entblößt fühlte, wäre sie dieser Dinge entledigt. Manche Dinge haben in unserer Entwicklung eine wichtige Rolle gespielt, und das bedeutet, dass unsere Identität eben auch von materiellem Besitz gespeist wird und Schaden nehmen könnte, wenn wir auf zu viel verzichten.

Georges Perec hat über dieses Thema 1965 einen fesselnden Roman geschrieben, dessen Protagonisten Jérôme und Sylvie, zwei junge Menschen mit abgebrochenem Studium, ihr Leben um die Frage organisieren, wie sie an das Geld kommen, mit dem sie sich all ihre materiellen Wünsche (Wohnung, Möbel, Kunst, Kleidung usw.) erfüllen können. Während sie von dieser fernen Zukunft träumen, leiden sie umso mehr unter den Einschränkungen der Gegenwart, die in schöner Weise zu gestalten sie kaum mehr in der Lage sind.

»Aber zwischen diesen ausschweifenden Träumen, denen sie sich mit einem seltsamen Behagen hingaben, und der Nichtigkeit ihrer tatsächlichen Handlungen existierte kein vernünftiger Plan, der die wirklichen Notwendigkeiten mit ihrer finanziellen Situation in Übereinstimmung gebracht hätte. Die Unersättlichkeit ihrer Wünsche lähmte sie« (Perec 2001).

Ich konnte mit den beiden sehr mitfühlen, auch mir sind Gedanken wie »Wenn ich erst einmal so viel Geld habe, dass ich …« nicht fremd. Aber ich erinnere mich auch an die Anfänge meines Gelderwerbs, an gelegentlich unvorhergesehen zufließende Geldsummen und die sich anschließende Anschaffung vermeintlich erstrebenswerter Dinge: Nur wenige konnten das lockende Versprechen einer anhaltenden Bedeutung einlösen, etliche Dinge fanden gar keinen Platz in einem angenehmer fantasierten Alltag und viele Dinge wanderten in Speicher oder Keller, harrten über Wochen, Monate oder gar Jahre einer besseren Bestimmung und waren so eher Belastung als Verbesserung. Ganz offensichtlich war auch ich der Suggestion aufgesessen, ein Mehr an schönen Dingen ließe auch mich als Person wachsen. Mit einer gewissen Ernüchterung stellte ich fest, dass der Besitz dieser Dinge mich keineswegs zum Angehörigen der Gruppe erfolgreicher, selbstsicherer, unabhängiger Menschen machte, die sich wenigstens vor einigen Unbilden des Lebens in Sicherheit fühlen können.

Identität entwickelt sich auch abhängig von der gesellschaftlichen Wirklichkeit, und die Freiheit der eigenen Identitätsfindung ist verbunden mit der immer wieder schwierigen Entscheidung, was meiner Identität tatsächlich zuträglich ist und wessen ich mich besser entledige. Und das muss jeder immer wieder selbst entscheiden. Sie müssen selbst herausfinden, ob verschiedene Dinge Ihr Leben wirklich reicher, voller und runder machen (was ich den

Dingen grundsätzlich keinesfalls abspreche) oder ob einige Dinge nur als Lückenbüßer herhalten für eine ganz andere Sehnsucht, die bislang unerfüllt geblieben ist.

So viel zu den Dingen, ihrer Bedeutung und unserer Einladung, beidem immer wieder einmal auf den Grund zu gehen, um den Dingen dann den Platz zu geben, der für sie der richtige ist.

Gehen wir noch einen Schritt weiter. Beim Lesen des vorhergehenden Kapitels haben Sie womöglich einige Glaubenssätze zu Papier gebracht, jene inneren Gedanken und Konzepte, die gerne mit Wörtern wie »immer« oder »nie« und Verknüpfungen wie »immer wenn …, dann …« ausgestattet sind. Wir alle tragen solche Glaubenssätze mit uns herum, und immer wieder kommen Zeiten, in denen wir uns diese Glaubenssätze bewusst machen und dann über ihren Verbleib entscheiden sollten. Ich nenne ihnen einige Beispiele solcher Glaubenssätze:

- »Ich habe immer ein mulmiges Gefühl, wenn ich mit einer neuen Aufgabe konfrontiert bin.«
- »Ich rechne immer mit dem Schlimmsten.«
- »Ich habe mich noch nie wirklich durchgebissen.«
- »Mich will doch sowieso keiner!«

Auch eingefahrene, lieb oder weniger lieb gewordene Selbstbeschreibungen sollten Anlass gelegentlicher Durchforstung sein: »Ich bin zu dick, zu schwierig, zu hässlich, zu schlecht ausgebildet, zu ängstlich, zu konfliktscheu« usw. Auch solche Sätze tragen wir wie alte Kameraden durchs Leben. Deshalb sollten wir uns gelegentlich die Freiheit erlauben, uns solcher Begleiter zu entledigen, sie aber – je nachdem – auch zu behalten.

In der Regel geht es nicht um die Frage, ob solche Sätze wahr sind oder nicht (ganz stimmen sie nur in wenigen

Ausnahmen), sondern um die Frage, welche Wirkung diese Sätze auf uns, unser Erleben und unser Handeln haben. So unmöglich es (leider) ist, auch alle unsere Schwächen zu entsorgen, so nötig ist es von Zeit zu Zeit, eine wohlwollende, selbstkonstruktive Überprüfung von Festlegungen und Festschreibungen vorzunehmen, die uns womöglich mehr behindern und blockieren als unterstützen. So empfehlen wir, die eine oder andere Selbstbeschreibung zu modifizieren, neu, anders und vielleicht etwas freundlicher zu formulieren.

Handlungsleitend hierfür sollte immer ein gewisses Maß an Freundlichkeit zu mir selbst sein. Es ist doch zweifellos besser, sich selbst zu ermutigen, als sich selbst zu bestrafen. Anstatt sich dauernd einzureden, »ich bin zu fett« (es gibt noch heftigere Selbstbezichtigungen), könnte man zum Beispiel sagen: »Ich esse heute etwas weniger und lasse es mir dafür umso besser schmecken.«

Neulich war ein zwölfjähriges Mädchen mit seinen Eltern in meiner Praxis, dem immer, wenn es um schulische Dinge ging, sofort der Satz in den Kopf kam: »Das schaffe ich eh nicht.« Und ich sah tatsächlich, wie sich dieser Satz auf die Stimmung des Mädchens auswirkte: Es sackte auf seinem Stuhl förmlich zusammen, verlor alle Muskelspannung, schaute nur noch mit in Falten gelegter Stirn auf den Boden. Seine Stimme wurde ganz leise und seine ohnehin spärlichen Antworten immer knapper.

Wir sprachen ein wenig über meine Beobachtungen und dann machte ich dem Mädchen, nennen wir es hier Lisa, folgendes Angebot: Du schreibst diesen Satz auf ein Blatt Papier und gibst mir das Blatt zur Verwahrung. Dafür schreibe ich dir einen anderen Satz auf, den du mitnehmen kannst. Ich vereinbarte mit Lisa, dass wir diesen Austausch der Sätze als ein wissenschaftliches Experiment verstehen und uns beim nächsten Treffen in vier Wochen über die

Ergebnisse unterhalten. Um die äußeren Einflüsse auf unser Experiment möglichst zu begrenzen, vereinbarten wir ferner, dass nur sie und ich diesen neuen Satz kennen, wir ihn also auch vor ihren Eltern geheim halten. Mein Satz hieß: »Ich mache es, so gut ich kann.«

Die Wirkung war wirklich verblüffend: Nach vier Wochen hatte Lisa in drei Hauptfächern bessere Noten geschrieben, und weitere sechs Wochen darauf ließ sie mir durch ihren Vater ausrichten, der Satz sei ihr eine so gute Unterstützung, dass sie jetzt auch mit ihren Hausaufgaben viel schneller fertig werde.

Kinder reagieren überaus dankbar auf solche sprachlichen Veränderungen, aber auch wir Erwachsenen profitieren sehr davon, zumal das Kind in uns in aller Regel positiv antwortet, wenn wir in Ton und Inhalt etwas freundlicher werden.

Neben der kritischen Sichtung Ihrer Glaubenssätze und Selbstbeschreibungen können Sie auch mal eine Inventur ihrer Angewohnheiten durchführen, um im Anschluss womöglich einige Ladenhüter aus dem Programm zu nehmen. Auch Angewohnheiten sind nicht aus Zement, sie lassen sich modellieren, verflüssigen, Sie können sie begrenzen, größer und kleiner werden lassen und sich bei Bedarf auch ganz von ihnen verabschieden.

Unter dem Aspekt des Entsorgens ist es auf alle Fälle günstig, wenn Sie Ihre (wieder)entdeckten Glaubenssätze, Selbstbeschreibungen oder Angewohnheiten jeweils auf einen Zettel oder ein Kärtchen schreiben. Diese Schreibarbeit externalisiert ihre inneren Stimmen und dann können Sie noch einmal mit anderen Augen darauf schauen. Vielleicht machen auch Sie die Erfahrung, dass die Sätze, die Sie lesen, eine andere Wirkung oder Bedeutung bekommen und Sie damit eine bessere Grundlage haben zu entscheiden, was mit ihnen geschehen soll.

Wann immer sie das Panorama Ihrer Glaubenssätze, Ihrer Selbstbeschreibungen, Ihrer Angewohnheiten oder auch die ganze Palette schriftlich vor sich ausgebreitet haben, können Sie der Einladung zu folgendem Ritual nachkommen (warten Sie damit nicht bis Silvester).

Nehmen Sie sich Zeit, führen Sie sich alles, was Sie aufgeschrieben haben, noch einmal zu Gemüte. Und treffen Sie in Ruhe für jeden Satz die Entscheidung, ob Sie ihn bis zur nächsten Woche (zum nächsten Monat, zum nächsten Jahr) behalten oder ihn schon heute ausmisten wollen. Und jeden Satz, von dem Sie sich tatsächlich verabschieden, entfernen Sie aus Ihrem Panorama und legen ihn auf einen eigenen Platz oder in eine kleine Schachtel. Tun Sie all dies gesammelt und konzentriert – Flüchtigkeit steht der Wirkung dieses Vorhabens entgegen.

Wenn Sie fünf oder sechs Zettel aussortiert haben (es können auch weniger, sollten aber nicht mehr sein – seien Sie maßvoll und barmherzig mit sich), überprüfen Sie noch einmal, ob jetzt wirklich der richtige Zeitpunkt für den Abschied ist und ob Sie dafür auch innerlich bereit sind. Seien Sie achtsam gegenüber Ihren Gefühlen, Signalen oder Empfindungen Ihres Körpers, und grämen Sie sich nicht, wenn Sie den einen oder anderen Zettel doch noch einmal zurückbehalten – heute ist nicht die letzte Gelegenheit!

Die Zettel, bei denen Sie sich ganz sicher sind, nehmen Sie nun, knüllen jeden einzelnen zusammen, um ihn anschließend zu verbrennen. Dafür nehmen Sie sich wieder gute Zeit, einen sicheren Ort und Ihre ganze Konzentration.

Meine Frau und ich haben zum Beispiel am Neujahrstag die Feuerstelle in unserem Garten dazu genutzt. Weil Schnee lag, war dies besonders schön. Wir haben Feuer gemacht und dann nacheinander unsere Zettel hineingeworfen und einander gesagt, von was wir uns gerade verabschieden. Es war eine schöne und innige Erfahrung, und ich bin noch zwei Stunden ums Feuer gegangen, um sicher zu sein, dass auch wirklich alles verbrannt war.

Nach so einem Ritual werden Sie womöglich feststellen, dass die Wirkung Ihres vollzogenen Abschieds nicht hundertprozentig ist. Nehmen Sie das nicht gleich wieder als Zeichen Ihrer inneren Schwäche oder Ihres ungefestigten Charakters! Wir sind Menschen, Menschen sind Gewohnheitstiere, und wir neigen alle zu so genannten »Ehrenrunden«, in denen wir unseren alten Kameraden noch einmal guten Tag sagen, um sie dann wieder ziehen zu lassen. Und wenn Sie manchen Kameraden eben häufiger begegnen, lächeln Sie sie freundlich an, anstatt zu hadern – das Leben ist hart genug.

Mancher Abschied braucht seine Zeit, manches Ritual braucht seine Wiederholung (das ist ja das Gute bei Ritualen), und mancher Abschied, der nicht gleich gelingt, ist auch ein Hinweis darauf, dass es vielleicht noch etwas Unerledigtes gibt. Konzentrieren Sie sich aber nicht auf das, was nicht gelingt, sondern schauen Sie auf die positiven Veränderungen. Auch das ist jederzeit eine gute Übung, sind wir es doch gewohnt, immer nur auf das zu schauen, was noch nicht gelungen ist.

Im guten Kontakt zum inneren Kind und befreit von überflüssigem Gerümpel jeder Art können Sie sich, gewissermaßen an der Schwelle zum nächsten Kapitel, noch etwas Zeit nehmen, um ein Panorama Ihrer aktuellen Beziehungen zu erstellen. Auch so eine Inventur ist gelegentlich sinnvoll, weil wir auch in Beziehungsangelegenheiten gelegentlich dazu neigen, Dinge liegen, Konflikte schwelen, ungute Stimmungen vor sich hinwirken und womöglich eine Menge Ballast auf unseren Schultern, in Herz und Seele ruhen zu lassen.

Nehmen Sie sich einen großen Bogen Papier, unterteilen

Sie ihn in die Ihnen wichtigen Lebensbereiche (Familie, Freunde, Arbeitsplatz usw.) und schreiben Sie in die Bereiche jeweils die Namen der Menschen, zu denen Sie Beziehungen unterhalten. Dabei können Sie sich auf die Ihnen wirklich wichtigen Beziehungen beschränken, es sei denn, Sie wollen sich einen statistischen Überblick darüber verschaffen, zu wie vielen Menschen Sie überhaupt Beziehungen unterhalten.

Wenn Sie alle Ihnen wichtigen Personen aufgeschrieben haben, prüfen Sie mit Ihrem Herzen, wie es um diese Kontakte bestellt ist. Folgende Leitfragen können dabei hilfreich sein:

- Welchen Menschen vermisse ich in meinem Leben?
- Bei welchem Namen bekomme ich ein schlechtes Gewissen?
- Wer ist für mich ein echter Freund?
- Welche Beziehung ist eigentlich vorbei? (Auch Beziehungen haben ihre Halbwertszeit, und manchmal muss man sich auch trennen und von alten Zeiten verabschieden, damit eine neue Lebensphase anfangen kann.)
- Wer löst in mir (immer noch) Ärger, Enttäuschung oder ein anderes unangenehmes Gefühl aus? Lohnt sich der Ärger noch, was mache ich mit meiner Enttäuschung? (Es ist gut, diese Gefühle ernst zu nehmen; entweder sind sie Grundlage für eine ausstehende Klärung, oder sie sind zu beerdigen. Wir neigen manchmal dazu, ungute Gefühle länger mit uns herumzutragen, als uns gut tut. Und wenn sie unbeachtet bleiben, können sie sich zu Leichen im Keller entwickeln, die dann Einfluss auf unser ganzes Beziehungsleben nehmen und die Chancen, glücklich zu werden, nachhaltig verringern.)

Nehmen Sie sich Zeit für dieses Beziehungspanorama. Möglicherweise kommen Sie am Ende zu einem oder mehreren Beschlüssen, die Sie gerne notieren können. Bewahren Sie das Panorama auf, um es sich in sechs oder zwölf Monaten nochmals zu Gemüte zu führen und zu sehen, was sich verändert hat. Machen Sie also quasi einen »Beziehungscheck« in regelmäßigen, für Sie sinnvollen zeitlichen Abständen.

Zum rechten Maß zwischen Autonomie und Abhängigkeit: Navigationshilfen für gelingende Beziehungen

Wichtig für dieses Thema sind natürlich verschiedenste Aspekte. Wir wollen uns auf folgende beschränken:

- Meine heutige Beziehung ist geprägt von der Geschichte meiner Beziehungen im Laufe meines Lebens.
- Unser Dilemma: Begeben wir uns in die Abhängigkeit von einem anderen Menschen, riskieren wir, den Boden unter den Füßen zu verlieren. Verschreiben wir uns hingegen der Autonomie, müssen wir mit erheblicher Einsamkeit rechnen.
- Für gelingende Beziehungen wesentlich sind offensichtlich realistische, erfüllbare Ansprüche.

Doch bevor wir uns dem zuwenden, was im Volksmund heute so schön »Zweierkiste« genannt wird, wollen wir einige wenige Gedanken über den Umgang von Menschen mit Menschen im Allgemeinen darlegen. Und im Anschluss an unsere Navigationshilfen für gelingende Beziehungen sollen auch die Eltern unter Ihnen versorgt werden: Das rechte Maß ist schließlich zentraler Bestandteil jeder erzieherischen Aufgabe.

Menschliche Beziehungen haben sich in den letzten Jahren und Jahrzehnten allein schon durch technische Neuerungen dramatisch verändert: Per Mobiltelefon und E-Mail ist jeder allzeit erreichbar. Die Möglichkeit, in Kontakt zu kommen, hat sich durch das Internet exponenziell erweitert. So ist in jüngster Zeit der bereits in den siebziger Jahren von Michael Lukas Moeller formulierte Satz noch wahrer geworden: »Wir leben in einer Zeit kontaktreicher Beziehungslosigkeit.«

Solche Entwicklungen könnte man nun kulturpessimistisch aufgreifen und wieder einmal den Untergang des Abendlandes beschwören. Doch weil wir beide daran glauben, dass Menschen auch heute noch das starke Bedürfnis haben, anderen Menschen nah zu sein, sehen wir von diesem sicherlich etwas depressiv getönten Vorhaben ab. Stattdessen schlagen wir einige Strategien vor, der Kontaktinflation aktiv und passiv erfolgreich entgegenzutreten, und geben Entscheidungshilfen, welches Kontaktangebot man annehmen möchte und welches eben nicht.

Ausgangspunkt ist, dass unseres Erachtens mit den (oder sogar wegen der) enorm gestiegenen Kontaktmöglichkeiten offensichtlich die Fähigkeit des Menschen geschwunden ist, in Wirkungen zu denken und sein Kontaktverhalten daran zu orientieren. Kurz und provokant gesagt, geht es um dieses sich häufende Phänomen: Jemand hat einen Pups im Hirn, und – schwups – ohne Rücksicht auf Verluste lässt er ihn heraus: per E-Mail, per SMS, per Anruf, und das in jeder beliebigen Alltagssituation. Doch die Verantwortung für die Wirkung seines Pupses überlässt er ausschließlich dem Adressaten, der dann entscheiden muss, wie er damit umgeht.

Wir plädieren deshalb – beim Sender – für etwas mehr

Rücksicht und Achtsamkeit, bevor er seine Kontaktimpulse in die Welt setzt. Auch der Hinweis, dass es Sinn macht, vorher den Kopf zu benutzen, sollte hier nicht fehlen. Wenn die Renaissance des guten Benehmens die Menschen dazu bringt, die Wirkung ihres Kontaktverhaltens wieder stärker zu reflektieren, dann sind auch wir sehr dafür, Benehmen als Schulfach zu unterrichten.

»Die Botschaft bestimmt der Empfänger« ist ein Lehrsatz der Kommunikationstheorie, und deshalb sind wir gut beraten, uns über den Empfänger etwas mehr Gedanken zu machen. Für alle Fälle wollen wir Letzterem ein paar wirkungsvolle Schutzmaßnahmen vermitteln.

Eine Strategie, sich wirksam vor »Pupsen« zu schützen, habe ich vor Jahren bei der Psychotherapie einer Klientin erfunden – sie und viele andere haben sie seitdem gut nutzen können: Stellen Sie sich vor, Sie hätten einen Bauchladen vor sich, so wie ein »ambulanter Verkäufer« im Fußballstadion oder auf dem Jahrmarkt. Legen Sie, was Ihnen von wem, wie und wo auch immer an Kontakt angeboten wird, auf diesen Bauchladen, und prüfen Sie ehrlich und in Ruhe, ob Sie das Angebot annehmen wollen oder nicht. Wenn ja, dann reagieren Sie und treten in Kontakt; wenn nein, legen Sie es weg und müssen in diesem Fall nichts weiter unternehmen. Mit dieser Methode verfügen Sie über einen Filter, und einen solchen braucht man in Zeiten maßloser Kontakte.

Eine andere Strategie wäre folgende: Halten Sie vor Ihrem geistigen Auge ein Fenster geöffnet. Und wenn Ihnen jetzt ein Kontaktpups entgegenkommt, lassen Sie ihn einfach durch das Fenster hinausziehen. Wenn das nicht reicht, machen Sie ein zweites Fenster auf, um richtig gut durchzulüften. Lüften ist ein in jeder Hinsicht probates Mittel, wenn Kontakte in Ihren Räumen ungut gelaufen sind.

Eine dritte Strategie können Sie nutzen, wenn Sie ein kleines bisschen an die Kraft von Steinen glauben. Ich selbst hatte das Glück, von einer sehr besonderen Frau einen viele tausend Jahre alten Quarz aus den Tiefen der Schweizer Berge geschenkt zu bekommen. Den trage ich als kleinen Begleiter in meiner linken Hosentasche, und selbst wenn ich es mir nur einbilde, hilft er mir immer wieder zu entscheiden, wie ich auf Kontaktimpulse anderer reagieren will.

Grundsätzlich habe ich mir in den vergangenen Jahren folgende Haltung zugelegt: Ich gehe sehr gerne in Beziehung zu Menschen, aber meine Beziehungsangebote sind auch an Bedingungen geknüpft. Und wenn diese Bedingungen nicht erfüllt oder verletzt werden, ziehe ich mein Angebot zurück. Privat wie beruflich fahre ich mit dieser Haltung ganz gut.

Hier noch zwei Methoden, die Ihnen helfen können, Übergänge klarer zu schaffen. Denken Sie an Ihre Arbeit und daran, dass sich dort unangenehme Dinge zutragen, die Sie sinnvollerweise nicht mit nach Hause nehmen: Ärger mit Kollegen oder unzufriedenen Kunden, nervige Telefonate. Bevor Sie also nach Hause gehen, schreiben Sie alle unangenehmen Erlebnisse des Tages in kurzen Stichpunkten auf ein Blatt Papier, legen Sie das Blatt in Ihren Schreibtisch (Ihren Spind, Ihr Archiv) und schließen Sie sorgfältig ab. Sagen Sie innerlich einen Satz wie: »Für heute lasse ich euch alle hier, und wenn es notwendig ist, kümmere ich mich morgen wieder um euch.« Diese Methode kostet Sie wenige Minuten und wirkt manchmal Wunder.

Nach richtig »krassen« Arbeitstagen ist es gut, sich den ganzen Tag erst einmal vom Leib zu duschen, bevor Sie in Kontakt mit Ihren Liebsten, Freunden oder Bekannten treten. Wir haben ja schon über die Kraft von Ritualen gesprochen, und diese kleinen haben oft große Wirkung. Wenn Sie skeptisch sind, probieren Sie es einfach aus. Wenn es nichts bringt, haben Sie vielleicht Lust, eigene Rituale zu entwickeln, die Sie vor Kontaktkontaminationen schützen und in Ihrer Autonomie stärken, die Sie für die Beziehungen brauchen, die Ihnen wirklich wichtig sind.

Wenden wir uns also so gerüstet der Liebe zu, um über das rechte Maß zwischen Hingabe und Eigenständigkeit nachzudenken. Beginnen wir mit der lebensgeschichtlichen Perspektive. In einem erwachsenen Paar begegnen sich immer auch ein kleines Mädchen und ein kleiner Junge (ich beschränke mich hier auf heterosexuelle Paare). Und keiner von beiden – das wurde bereits deutlich – ist im Paradies groß geworden. Etliche Wünsche sind offen geblieben, Verwicklungen in alte Loyalitäten und einstige Verletzungen haben Wunden hinterlassen, die oftmals nicht gut verheilt und infizierbar geblieben sind.

Also begegnen sich Mädchen und Junge in der verständlichen Hoffnung, jetzt einen Partner gefunden zu haben, der sich dieser alten Lasten annimmt und auf optimale Weise dafür sorgt, dass sie endlich verschwinden. Wirklich bewusst ist diese Hoffnung meist nicht. Aber sie ist freilich da und mit ihr die ersten Fallstricke einer Beziehung.

Wer seine ganze Hoffnung darauf setzt, dass der Partner die alten Wunden heilt, und ihm die volle Verantwortung dafür übergibt, muss früher oder später auch seinen Teil der Verantwortung für das Scheitern der Beziehung tragen. Die anderen fünfzig Prozent muss der Partner übernehmen, der der verlockenden Illusion aufgesessen ist, dieser Überforderung gerecht zu werden.

Dafür ein Beispiel, gewissermaßen ein Klassiker der heutigen Beziehungskultur: Vaters Tochter und Mutters Sohn werden ein Paar. Gemeint sind damit – pointiert gesagt – Muttersöhnchen, oft vaterlos groß geworden, die sich Frauen suchen bzw. von Frauen gefunden werden, die zur eigenen Mutter ein zumindest ambivalentes Verhältnis haben, während sie an den (häufig ebenfalls nicht anwesenden) Vater eher idealisierend gebunden sind. Ihr eigenes Gefühl, zu kurz gekommen zu sein, kompensieren diese Frauen durch die Beziehung zu Männern, denen sie zukommen lassen, was sie selbst gerne gehabt hätten.

Bei solchen Ausgangsbedingungen entstehen Beziehungsmuster, die eher an Krankenschwester und Patient erinnern. Die extremste Form ist die Beziehung zu einem Suchtkranken, aber auch in weniger dramatischen Fällen hört man später die Frau (mittlerweile Mutter gemeinsamer Kinder) sagen: »Mein Mann ist mein zweites (drittes, viertes) Kind!« Die Dauer solcher Beziehungen ist eher kürzer, obwohl man immer wieder staunt, wie lange manche Paare es aushalten, obwohl sie es sich so schwer machen.

Der Mann verbleibt im Sumpf seiner Abhängigkeit, wehrt sich zunehmend gegen die Erziehungsversuche seiner Partnerin, engagiert sich stärker auf beruflichen Spielfeldern mit mehr Aussicht auf narzisstische Zufuhr (Ruhm und Anerkennung) und/oder trifft früher oder später auf die – meist jüngere – Geliebte, mit der das Glück dann vollkommen ist (denkste!). Die Frau resigniert irgendwann mit ihren Wünschen nach erfüllter Beziehung, wendet sich verstärkt der Erziehung der Kinder zu, findet ansonsten Ersatz für Streicheleinheiten in Lebensmitteln, manchmal auch in Schaumwein und/oder wird von einem neuen Prinzen gerettet, mit dem das ganze Drama dann wieder von vorne beginnt.

Paare bilden sich nicht zufällig, und jede Paarbeziehung hat einen tiefen Sinn im Leben beider Beteiligter. Und so frage ich gerne Paare, die zu mir in Beratung kommen: »Was hat sich der liebe Gott wohl dabei gedacht, dass er ausgerechnet Sie beide zusammengebracht hat?« Und dazu passt gut einer der Sätze, den ich zu Beginn meiner Familientherapieausbildung gelernt habe: »Es heiraten sich immer die gleichen Kaliber!« Gemeint ist damit die Tatsache, dass sich Partner oft in wesentlichen Punkten ähnlich sind, was den Grad ihrer Verletztheit, die Tiefe ihrer Sehnsucht oder die Schwere ihres familiären Schicksals betrifft.

Weil ich nun mal an Gott glaube, argumentiere ich noch ein paar Zeilen mit ihm weiter. Alle Nichtreligiösen mögen Gott durch Begriffe wie »Bestimmung« oder »Karma« ersetzen. Wie auch immer man sie bezeichnet: Es gibt Kräfte, die zwischen Himmel und Erde wirken, ohne dass sie der menschlichen Wahrnehmung unmittelbar zugänglich wären. Wir wissen nicht so genau, wie diese Kräfte wirken, es gibt aber kaum einen Zweifel, dass sie wirken. In einem Buch über das rechte Maß sollte auch die Spiritualität ihren Platz haben – um deutlich zu machen, dass der Mensch eben nicht das Maß aller Dinge ist.

Gott denkt sich also etwas dabei, wenn er zwei Menschen sich begegnen, sich verlieben und ein Paar werden lässt. Und ich glaube, eine seiner Kernideen ist die einer kleinen Selbsthilfegruppe, mit anderen Worten: Die beiden können sich gut tun, weil sie sich ähnlich sind und weil sie sich aufgrund ihrer eigenen wunden Punkte mit den Verletzungen des anderen sehr gut auskennen. Eigentlich ist diese Idee genial. Die Frage ist nur, was die Beteiligten daraus machen. Denn der Chance, mit seinen eigenen Schmerzen beim anderen gut und heilsam aufgehoben zu sein, steht die Gefahr gegenüber, dass in den Wunden, die man ja so gut kennt, nach Herzenslust herumgestochert wird. Aus dieser Gefahr kann furchtbar destruktive Wirklichkeit werden, wie sie etwa in dem Stück ›Wer hat Angst vor Virginia Woolf‹ eindrucksvoll vorgeführt wird.

Konstruktiv und heilsam kann die Beziehung werden,

wenn es beiden Partnern gelingt, in gutem und ehrlichem Kontakt mit den eigenen Wunden miteinander ins Gespräch zu kommen. Eine wesentliche Voraussetzung hierfür ist, dass sich beide im Terrain ihrer eigenen Lebensgeschichte relativ gut auskennen (vgl. dazu das Kapitel über die maßvolle Vergangenheitsbewältigung). Eine weitere ist, dass man die Verantwortung für die Heilung der eigenen Wunden nicht an den Partner delegiert. Dafür ist jeder ausschließlich selbst zuständig.

Eine Partnervermittlung, die neue Paare gleich in dieser Selbstverantwortung schult, wäre eine echte Marktlücke. Und ein »Partnerschaftsführerschein« wäre ein schönes Abschlusszertifikat. Auch die Kirchen könnten ihre Möglichkeiten erweitern, wenn sie in ihre Brautleutetage auch diesen Aspekt integrierten.

Wir (die Autoren) halten dieses Kehren vor der eigenen Türe für eine so wichtige Voraussetzung für gelingende Beziehungen, dass wir selbst Seminare dazu anbieten. Der Satz »Drum prüfe, wer sich ewig bindet« bekommt eine ganz neue Bedeutung, wenn ich prüfen muss, ob meine Wünsche an den Partner wirklich erfüllbar sind und was ich tun muss, um ihn nicht zu überfordern.

Ein weiteres großes Thema in unseren Beratungen und Seminaren ist die Frage nach dem rechten Maß zwischen Autonomie und die Abhängigkeit – auch ein großes Thema der Menschheitsgeschichte und eng verquickt mit lebensgeschichtlichen Erfahrungen.

Schon die Entwicklung des Menschen verläuft in einem ständigen Wechsel zwischen diesen beiden Zuständen. Während der gesamten Schwangerschaft nahezu in totaler Abhängigkeit, ist schon die Geburt des kleinen Menschen eine erste große Autonomiebewegung und muss mit dem Preis bezahlt werden, den sie eben kostet: Jetzt selbst schnaufen, jetzt selbst Nahrung aufnehmen, die Nabelschnur ist ab. Später selbst laufen, selbst sprechen und selbst sauber sein – Meilensteine kindlicher (Autonomie-)Entwicklung und gleichzeitig Krisen, weil sie vertraute Abhängigkeiten beenden.

Mit dem Eintritt in Kindergarten und Schule geht es weiter, und immer wieder stehen die Wünsche nach Autonomie (Neugier, Interesse, Wachsen, Groß-sein-Wollen) den Wünschen nach Abhängigkeit (Ängste, Widerstände, Klein-bleiben-Wollen) entgegen. Natürlich tanzen auch die Eltern – meist mehr die Mütter als die Väter – auf diesem Parkett, weil sie ihren Kindern möglichst viel zutrauen und gleichzeitig möglichst wenig zumuten wollen. Wie dieser Tanz gestaltet wird, ist von Familie zu Familie verschieden, aber immer wieder wirken beide Kräfte.

Die Pubertät (oder die Zeit, in der die Eltern merkwürdig werden, wie diese besondere Lebensphase auch humorvoll beschrieben wird) inszeniert Autonomie und Abhängigkeit noch einmal auf besondere, oft dramatische Weise. Als junge Erwachsene finden wir uns dann, je nach Grundkonstitution und Erfahrungen, irgendwo auf dem Spektrum zwischen beiden Polen wieder. Am einen Ende droht Einsamkeit (verbunden mit der Gefahr, verrückt, gewalttätig, despotisch, autodestruktiv oder größenwahnsinnig zu werden), am anderen Ende die Selbstaufgabe (mit der Gefahr, süchtig, phobisch, angstkrank, depressiv oder unterwürfig zu werden).

Das rechte Maß liegt zweifellos in der Mitte, doch Menschen sind keine stabilen Systeme, die einmal die Mitte erreichen und dann dort bleiben. Der Zeitgeist begünstigt sogar die menschliche Instabilität, so dass wir heute einige Jahrzehnte, wenn nicht das ganze Leben brauchen, um uns in der Mitte einzupendeln.

Autonomiestreben zeigt sich im aktuellen Trend zum Single-Dasein, zur schnellen Scheidung und zur Auflösung traditioneller Verbindlichkeit und emotionaler Stabilität. Gleichzeitig boomen Sehnsucht, Hoffnung und Träume von der wahren Liebe, die den Wunsch nach Abhängigkeit und Geborgenheit deutlich werden lassen. Betrachtet man nur ein bisschen konzentriert unsere Medienlandschaft, erkennt man, dass Abhängigkeit und Autonomie parallel in illustren Leitbildern und unabhängig voneinander suggeriert werden: Den einsamen Helden gibt es da ebenso wie den aufopfernden Liebhaber (als »Voll-Schizo« oder »Weichei« gebrandmarkt), die »blöde Emanze« (karriereorientiert) ebenso wie das »spießige Heimchen« (opfert sich für die Familie).

Beziehung kann, so meinen wir, nur gelingen, wenn wir unsere Wünsche nach Abhängigkeit und Autonomie integrieren, anstatt sie gegeneinander antreten zu lassen. Und diese Integrationsarbeit ist die wesentliche Stufe auf der Treppe zum rechten Maß. Und die ist nicht so leicht zu nehmen, weil unser Denken tief in Entweder-oder-Kategorien verwurzelt ist. Im Sowohl-als-auch-Denken haben wir eher eine Schwäche, worin wohl ein wesentlicher Grund für die vielen scheiternden Beziehungen liegt. Wir leben auch in einer Zeit, in der Integration sehr schwer geworden ist und fragmentierte Lebensentwürfe zugenommen haben.

»Wenn ich allein bin, fühle ich mich nur halb«, ist eine romantische Liebeserklärung, die allerdings die Liebesbeziehung gleichzeitig stark gefährdet. Denn ich muss selbst dafür sorgen, dass ich als ganzer Mensch im Leben stehe. Nur dann habe ich größere Chancen, einen »ganzen« Partner zu finden. Wenn ich eine Hälfte von mir der Abhängigkeit von einem Partner übergebe, treffe ich häufig auf einen Partner, der selbst nur halb im Leben steht und für dessen Ganzheit ich mich dann ganz schön ins Zeug legen muss.

»Ich liebe dich, weil ich dich brauche«, umschreibt ein

Beziehungsszenario, in dem eher die Abhängigkeit das Übergewicht hat. Größere Chancen hat die Beziehung, wenn ich sagen kann: »Ich brauche dich, weil ich dich liebe« – auch wenn in diesem Satz deutlich wird, dass Abhängigkeit durchaus ein wichtiger Teil einer gesunden Beziehung ist.

Wir laden Sie also herzlich ein, Ihre Wünsche nach Abhängigkeit und Autonomie immer wieder aufrichtig wahr- und ernst zu nehmen, denn diese Wünsche sind die entscheidende Grundlage für eine gute Beziehung. Doch in vielen Beziehungen sind die Erwartungen einfach zu groß und nicht zu erfüllen. Wenn dies der Fall ist, muss ich mir überlegen, wie ich mit meinen Wünschen auch unabhängig von der Beziehung zurechtkomme.

Außereheliche Kontakte sind da zwar ein beliebter Ausweg, allerdings immer mit dem hohen Risiko gefährlicher Konsequenzen verbunden und deshalb nicht unbedingt zu empfehlen. Von ethischen und moralischen Argumenten einmal abgesehen (auch wenn es gut ist, sich damit auseinander zu setzen), geht es einfach darum, dass Fremdgehen eine Menge mächtiger Emotionen produziert, die für jede Beziehung eine Belastung darstellen, die nicht ganz einfach zu bewältigen ist.

Ich bin eher dafür, dass Sie sich Unterstützung gönnen, wenn Sie merken, dass Ihre Wünsche in der Beziehung zu kurz kommen. Auch professionelle Hilfe ist an dieser Stelle sinnvoll. Und grundsätzlich gibt es ja dann drei Optionen:

- Ich muss mich trennen, weil ich in dieser Beziehung kein Land mehr sehe. (In der Tat gibt es Beziehungen, in denen die Navigation zwischen Autonomie und Abhängigkeit so schief gelaufen ist, dass es nichts mehr zu retten gibt.)
- Ich muss lernen, in meiner Beziehung auf ein gewisses

Maß an Abhängigkeit oder Autonomie zu verzichten. Sprich: Ich muss mich mehr auf meine eigenen Füße stellen bzw. ich muss lernen, mehr Verantwortung für meinen Partner zu übernehmen.
- Beide Partner lassen sich (auch mit Unterstützung) auf einen Prozess ein, in dem Wünsche nach Verschmelzung und Wünsche nach Freiheit noch einmal neu ausgehandelt werden. In so einem Prozess ist es oft hilfreich, wenn die bestehenden Wünsche noch einmal vor dem lebensgeschichtlichen Hintergrund verständlicher werden.

Für welche Option ich mich auch immer entscheide, ich werde in jedem Fall auf eine sehr entscheidende Frage stoßen: Wie ist meine Beziehung zu mir selbst? Die Qualität dieser Beziehung ist wohl das bedeutendste Navigationsinstrument im Ozean menschlicher Kontakte. Das Maß liebevoller Selbstsorge ist eine entscheidende Voraussetzung dafür, dass ich auch zu anderen eine liebevolle Beziehung herstellen kann. Auf der anderen Seite des Selbstsorgespektrums steht der Selbsthass, und Selbsthass vergiftet menschliche Beziehungen, weil er in destruktive Entwertung des anderen und in Selbstzerstörung mündet.

Nur wenn ich einen insgesamt freundlichen Umgang mit mir selbst erlernt habe, bin ich wirklich in der Lage, den anderen in seiner ganzen Existenz mitzudenken und damit auch meinen Teil der Verantwortung für die Partnerschaft zu übernehmen. Den anderen mitzudenken, ist eine für Beziehungen sehr hilfreiche Gabe, die uns nicht in die Wiege gelegt wird. Wir müssen sie in mühevoller Kleinarbeit erlernen – und als Kultusminister würde ich ein Hauptfach daraus machen.

Daneben gibt es nun noch einige weitere Überlegungen, die anzustellen sind, wenn ich über gelingende Beziehung nachdenke.

Der Mensch ist augenscheinlich nicht so konstruiert, dass ihm Glück grenzenlos zuteil wird. Diese an sich banale Aussage hat meines Erachtens in den letzten dreißig Jahren erheblich an Bedeutung gewonnen. Das liegt zum einen daran, dass es uns insgesamt ziemlich gut geht, wir ein Dasein in großer materieller Sicherheit führen können und von Kriegen und anderen großen Katastrophen verschont sind. Dadurch sind die Ansprüche der Menschen erheblich gewachsen, während die Toleranz für Enttäuschungen, Niederlagen und situatives Scheitern deutlich abgenommen hat. Dies äußert sich etwa in dem Phänomen des Klagens auf hohem Niveau in allen Lebensbereichen.

Ich bin mir nicht sicher, ob dieses Klagen nicht vielleicht eine deutsche Untugend ist. Jedenfalls bin ich fasziniert, wie viel genörgelt und geknatscht wird. In Bayern gibt es für den Nörgler die schöne Kurzcharakteristik: »Der is net gsund, wenn er net krank is!« Verbunden ist diese hohe Klagebereitschaft mit der Tendenz, tatsächliche oder drohende Enttäuschung durch kurzfristigen Aktionismus zu kompensieren.

So wie wirtschaftliche Unternehmen Wachstumsbremsen fast ausschließlich durch Entlassungen kompensieren und Fußballvereine kleine Serien von Niederlagen durch hektische Trainerwechsel, so beenden viele Menschen in eindrücklicher Eile Beziehungen, sobald am romantischen Liebeshimmel erste Wolken gelegentlichen Unwohlseins aufziehen. Dieser Aktionismus führt in aller Regel nicht zu guten Lösungen, allenfalls erhöht er die Quantität von Beziehungen und mindert gleichzeitig die Qualität im Sinne von Tiefe und – wie ich sagen würde – echter Liebe.

Ein guter Freund von mir heißt Alfred und ist Unternehmer in der Logistikbranche. Er, seine Frau und ich sitzen immer mal wieder zusammen und reden über die Dinge des Lebens, auch über den möglichen Umgang mit wirtschaftlichen Krisen. Aus einem dieser Gespräche übernehme ich Alfreds schöne Metapher der vier Jahreszeiten, die wirtschaftliche Entwicklungen ebenso gut beschreibt wie das Leben in Beziehungen. So wie es in der Natur Frühling, Sommer, Herbst und Winter gibt, lassen sich auch in Beziehungen immer wieder »Jahreszeiten« identifizieren, die sich in ihrer ständigen Wiederkehr durchaus verschieden präsentieren. So gibt es heiße oder verregnete Sommer, verschneite oder laue Winter.

Beziehungen würden – meine ich – viel länger halten, wenn wir uns daran gewöhnen könnten, dass auch in der Liebe nicht immer Mai ist, sondern manchmal grauer November. Im Wissen um die beständige Wiederkehr der Jahreszeiten würden wir mehr darauf vertrauen, dass tristere Jahreszeiten auch wieder vergehen und etwa von einem richtig schönen Sommer abgelöst werden. Außerdem sind wir ja den unangenehmen Seiten der Jahreszeiten nicht völlig hilflos ausgeliefert: Im Winter können wir uns warm anziehen, uns in die beheizte Stube zurückziehen oder Schlittschuh laufen; im Sommer gehen wir baden, in den Biergarten oder tanzen auf nassen Wiesen. Wir sind also in der Lage, Jahreszeiten nicht nur zu ertragen, sondern ihnen auch die schönen und wichtigen Seiten abzugewinnen.

So sollte es auch in der Liebe darum gehen, sich nicht nur als Opfer einer verregneten Phase zu erleben, sondern aktiv, kreativ und kraftvoll zu werden und zu sehen, was es gerade in dieser Jahreszeit Sinnvolles zu tun geben könnte.

Für die schönen Wonnemonate Ihrer Beziehung bedürfen Sie vermutlich keiner besonderen Unterstützung. In dieser Zeit scheint sich die Liebe wie von selbst zu entfalten, und Paare machen dann automatisch, was Spaß macht und ihnen gut tut. Aber vielleicht können Sie für die anderen Liebesjahreszeiten ein paar Anregungen und Erfahrungen nutzen.

Da gibt es zum Beispiel furchtbar heiße Sommermonate: Das Beziehungsleben ist eingeschliffen, die Anforderungen von außen sind stark und belastend, und Sie haben kaum Zeit füreinander. Wenn Sie ehrlich sind, gibt es dann Momente, in denen Sie sich gar nicht mehr vorstellen können, dass auf diesem ausgedörrten Boden jemals wieder Liebespflänzchen wachsen.

Hilfreich in solchen Phasen ist zunächst die Einsicht, dass schnelle Änderungen im Moment nicht machbar sind. Die meisten Kräfte sind in der Hitze der Alltagsbewältigung gebunden, ja, manchmal geht es rein ums eigene Überleben, und man muss sehen, dass man nicht selbst verdurstet. Gerade jetzt eine Grundsatzdiskussion vom Zaun zu brechen erhöht in der Regel den Druck und den Stress, bringt aber weder Sie noch Ihren Partner wirklich in Kontakt mit kreativen Kräften. Die Nerven liegen eh schon blank, und wenn Sie nun noch die ganze Beziehung in Frage stellen, kann's leicht richtig in die Hose gehen.

Deshalb ist ein wenig Geduld gefragt (sozusagen geduldig zu warten, bis es wieder regnet), und in der Zwischenzeit bemüht sich jeder, die Dinge, die zu tun sind, nach besten Kräften zu erledigen. Und wenn Sie dann mal Zeit miteinander haben, verbringen Sie die Stunden friedlich und lustvoll. Träumen Sie lieber vom nahenden Herbst und den Plänen, die Sie dann endlich realisieren können, zum Beispiel eine Woche ans Meer fahren. Davon haben Sie im Moment mehr, als die Sinnfrage zu stellen.

Der Herbst ist bekanntlich manchmal ziemlich stürmisch: Die Winde bringen Ihre (Lebens-)Konzepte durcheinander, neue Menschen betreten die Bühne, mancher Lack geht ab, die Blätter fallen vom Baum, und Ihr Unbewusstes stellt die Frage, ob sich in einer anderen Beziehung dieses langsame Sterben nicht vermeiden ließe. Leider ist es in dieser Beziehungsjahreszeit wirklich wie in der Natur:

Der Saft geht zurück in die Wurzeln, und die bunte, im Frühherbst noch einmal richtig strahlende Pracht weicht langsam eher kargen, grauen und weniger lebendigen Bildern.

So wie man – als Gärtner – den Herbst nutzen kann, um alles winterfest zu machen und Vorkehrungen für eine reiche Blüte im Frühling zu treffen, lassen sich aktuelle Beziehungskrisen nutzen, um auch der Liebe zu einer neuen Blüte zu verhelfen. Sie können sich miteinander bewusst machen, dass sich Dinge zwischen Ihnen verändert haben, dass es auch Enttäuschungen und Verletzungen gab, die vielleicht eine Entschuldigung verdienen. Sie können darüber sprechen, wie Sie Ungutes zweckmäßig vermeiden und welche neuen Blumenzwiebeln Sie jetzt setzen, damit die Wiese im Frühling wieder richtig schön blüht.

Da gibt es Dinge, die Sie eigentlich schon immer mal probieren wollten, und anderes, wozu Sie eigentlich keine Lust mehr haben. Und so können Sie diese Jahreszeit nutzen, gemeinsame Dinge noch einmal neu zu planen, und die Dinge, die total schief gegangen sind, in Würde und Achtung voreinander zu beerdigen. Vielleicht gehen Sie auch mal allein oder zu zweit in die Kirche, um eine Kerze anzuzünden in der Hoffnung und mit der Bitte darum, dass der Winter nicht zu hart und der Frühling fruchtbar werde.

Lassen Sie mich den Winter als Metapher dafür nehmen, dass Sie es manchmal so richtig schwer miteinander haben. Es ist kalt, und all Ihre immer wiederkehrenden Konflikte verdichten sich zu einer massiven Kaltwetterfront. Nun gewinnt die Frage, ob Sie tatsächlich beisammen bleiben wollen, schärfste Brisanz.

Jetzt können Sie freilich die Konflikte hochkochen und so inszenieren, dass wirklich nichts mehr übrig bleibt von Ihrer Beziehung. Sie können sich aber auch eine Zeit heilsamer Distanz (meine Frau hat das so schön genannt) gönnen, indem Sie sich einmal vierzehn Tage lang gar nicht begegnen. Womöglich befürchten Sie, dies sei der Anfang vom Ende, doch in so einer Phase kann etwas ganz anderes passieren: Sie nehmen zum Beispiel neu wahr, wie sehr Sie Ihren Partner vermissen, und denken sich aus, wie Sie ihn nach dieser Phase überraschen können. Oder Sie entdecken, dass ein langer Konflikt zwischen Ihnen gar nicht zu lösen ist, weil es sich dabei um Ihr eigenes Problem und nicht das der Beziehung handelt. Bei Paaren vermischen sich individuelle Sorgen und Nöte ständig mit partnerschaftlichen Problemen, so dass heilsame Distanz einer sinnvollen Ordnung sehr gute Dienste tun kann.

Wie Sie die Jahreszeiten Ihres Beziehungslebens im Einzelnen interpretieren, ist natürlich ganz Ihrer eigenen Kreativität überlassen. Mir ging es nur um den Hinweis darauf, dass Ihre Liebe genau wie die Natur immer wieder wechselnden Einflüssen ausgesetzt ist, die Sie nicht ohnmächtig und hilflos hinnehmen müssen. Sie können die Metapher der Jahreszeiten nutzen, um in Ihrer Partnerschaft wie in Ihrem Leben immer wieder etwas zu verändern, im tiefen Vertrauen darauf, dass keine Jahreszeit ewig dauert, auch wenn man das gelegentlich so empfindet.

Jetzt verrate ich Ihnen noch ein paar bewährte Regeln, die Sie beherzigen sollten, wenn Sie geneigt sind, die Lebensdauer Ihrer Beziehung zu verlängern.

- Nehmen Sie sich selbst ernst, aber nicht ernster als nötig! Ihr Partner ist auch nur ein Mensch, und nicht jeder Fehler, den er macht, ist gegen Sie persönlich gerichtet.
- Sich selbst *zu* ernst zu nehmen bewirkt häufig, dass man den Partner nicht ernst nimmt. Gelingende Partnerschaft erfordert jedoch den Schritt vom Ich über das Du zum Wir. Wenn Sie zusammenbleiben wollen, tun Sie gelegentlich das, von dem Sie wissen, dass es Ihrer/m

Liebsten gut tut. Und behalten Sie – wenigstens gelegentlich – die Kommentare einfach für sich, von denen Sie schon lange wissen, dass sie Ihren Partner auf 180 bringen. Für angenehme Überraschungen sorgen, ist ein gutes Motto im Sinne dieser Regel.

- Beerdigen Sie die Vorstellung, eine glückliche Partnerschaft zeichne sich dadurch aus, dass Sie beide alles gut miteinander machen können. Diese Idee ist maßlos, und es tut Ihrer Liebe keinen Abbruch, wenn Sie nicht miteinander Schlepplift fahren können, um nur ein Beispiel zu nennen.
- Experimentieren Sie immer wieder mit Abständen. Dauernde Liebe verträgt keine dauernde Nähe, und Nähe erlebt man immer wieder als wunderbar, wenn ihr Abstand vorausgegangen ist.
- Begraben Sie bitte auch den Glauben, zur wahren Liebe gehöre es, dass jeder jedem immer alles erzählt!
- Versuchen Sie die Rollen und Muster in Ihrer Beziehung zu variieren, um die Optionen Ihrer Liebe zu erweitern. So hat in einer Partnerschaft beispielsweise einer die Rolle des Streitschlichters, während der andere dafür sorgt, dass Probleme nie unter den Teppich gekehrt werden. Wenn Sie der harmonisierende Schlichter sind, ist es allemal gut, in Kontakt mit Ihren eigenen Aggressionen zu kommen. Und wenn Sie immer alles ausstreiten wollen, kultivieren Sie Ihre Sehnsucht danach, es einfach auch mal gut sein zu lassen. Und genau für diese alternativen Rollen und Muster können Sie von Ihrem Partner viel lernen (was in der Regel mehr bringt, als es zu bekämpfen).

So, und jetzt lieben Sie wohl …

Denn wenn Ihnen ein Kind oder auch mehrere Kinder geschenkt werden, muss der Jahreszeitenkalender noch einmal völlig umgestellt werden. Abhängigkeit und Autonomie dringen jetzt mit einer ganz anderen Intensität in Ihr Leben ein ... Keine Angst: Eine ausufernde Erziehungsberatung folgt hier nicht. In diesem Kontext will ich Maß halten und Sie vor allem vor einigen Fallstricken engagierten Erziehens warnen.

Babys und Kleinkinder sind in der Befriedigung ihrer Bedürfnisse in hohem Maß von ihren Eltern, in der Regel insbesondere von der Mutter abhängig. Für Ihre Erziehungsaufgabe ist es deshalb hilfreich, wenn Sie langsam, aber sicher die Sprache Ihres Kindes erlernen, mit der es seine Bedürfnisse – zunächst kaum verständlich – zum Ausdruck bringt. Anfängliche Missverständnisse liegen in der Natur der Sache und sind nicht wirklich schlimm. Schließlich müssen Kinder ja lernen, dass die paradiesischen Zeiten vorüber sind, und es ist durchaus sinnvoll, mit dieser schweren Lektion schon früh zu beginnen. Dafür haben Kinder in der Regel ein hohes Maß an Toleranz und ein tiefes, liebevolles Verständnis.

Mindestens genauso wichtig ist es zu lernen, zwischen kindlichen und erwachsenen Bedürfnissen zu unterscheiden, was nicht heißt, dass sich diese grundsätzlich widersprechen müssen. Eltern sind mit der Ankunft ihres Sprosses – zumindest unbewusst – mit eigenen (frühkindlichen) Erfahrungen konfrontiert und versuchen – meist auch unbewusst – ihren Kindern alle selbst erlebten Schmerzen und Entbehrungen zu ersparen. Dieses ohnehin schon hoffnungslose Unterfangen wird nun noch dadurch erschwert, dass Ihr Kind eine ganz eigene Person ist und ganz eigene Bedürfnisse hat, die sich nicht zwingend mit den Vorstellungen decken, die Sie aufgrund Ihrer eigenen kindlichen Entwicklung konstruiert haben. Dieser Umstand führt dann schon mal zu Komplikationen.

Beispielsweise hat eine Mutter in der eigenen Kindheit

wenig Zärtlichkeit von ihren Eltern erfahren und sie immer wieder vermisst. Jetzt nimmt sie sich natürlich vor, ihrem Kind all die Zärtlichkeit zukommen zu lassen, die sie als Kind gerne gehabt hätte, und muss womöglich feststellen, dass es ihrem Kind zu viel ist. Dann sollte sie das Füllhorn der Zärtlichkeit entsprechend neu dosieren und bestehende eigene Bedürfnisse nach zärtlicher Zuwendung aus anderer Quelle als von ihrem Kind beziehen. Dieser Schritt ist manchmal ausgesprochen schwer: Die Mutter wird böse, weil das Kind ihre Liebe nicht zu schätzen weiß, und das Kind fängt an sich schuldig zu fühlen, weil es sich für die schlechte Stimmung seiner Mutter verantwortlich fühlt.

Die Essenz aus diesem Beispiel lässt sich letztlich auf alle Themen der Erziehung übertragen: Die Notwendigkeit guter Unterscheidung bleibt eine andauernde Übung für beide Eltern, bis die Kinder aus dem Gröbsten heraus sind, und auch dann kann es noch zu Missverständnissen kommen.

Für jede Zweierbeziehung ist die Ankunft eines »Dritten« eine große Herausforderung. Nicht zu vergessen das vorhergehende hochemotionale Ereignis der Geburt. Anschließend werden aus *einer* Zweierbeziehung drei Zweierbeziehungen und eine Dreierbeziehung, und mit dieser an sich positiv zu sehenden wachsenden Vielfalt erhöhen sich natürlich auch die Möglichkeiten der Verwicklung.

Emotional finden sich Mutter und Vater plötzlich mit zahlreichen Verzichtsübungen konfrontiert, und beide tun gut daran, sich für diese Umstellung immer wieder Zeit, Gespräch, Muße, aber auch ausreichend Humor zu nehmen. Nur so lässt sich aufkommenden Eifersüchteleien wirksam begegnen, und die notwendige Zuwendung zum Kind muss nicht zwingend zur Kränkung des Partners werden. Auch hier gilt die Faustregel: besser die sich notwendigerweise verändernde Beziehung aktiv gestalten und planen, als sie durch die Ankunft des Kindes schicksalhaft über sich ergehen lassen.

Die notwendige Unterstützung der Schritte Ihres Kindes in die Autonomie bei gleichzeitiger Befriedigung seiner Abhängigkeitsbedürfnisse ist eine weitere große Herausforderung, bei der langer Atem, Frustrationstoleranz, buddhistische Ruhe und immer wieder Humor gute und wichtige Begleiter sind. Gewöhnen Sie sich möglichst früh an die Tatsache, dass auch Sie keine perfekten Eltern sind – auch wenn Ihnen ein paar Perlen aus der Krone fallen –, aber mit dieser Erkenntnis lebt es sich wesentlich leichter! Gleichzeitig öffnet sich das Herz für die eigenen Eltern, weil Sie sich von der Idee verabschieden (müssen), dass Sie alles besser machen, wenn Sie mal eigene Kinder haben. Wenn Sie von diesem Anspruch Abstand nehmen, wachsen sogar die Chancen, dass Sie das eine oder andere vielleicht wirklich ein wenig besser machen.

Ein anderer nicht ungefährlicher Fallstrick in der Kindererziehung ist (die nicht ganz zu vermeidende Möglichkeit), dass sich Konflikte der Paarbeziehung mit der Beziehung zum Kind vermischen. In die Jahre gekommene Paare neigen gelegentlich dazu, ihr Kind als Argumentationshilfe, Streitthema und/oder auch Bündnispartner zu nutzen. Solche Vermischungen sind zwar menschlich, bringen das Kind aber in eine nicht sehr angenehme Position: Zwar ist es verlockend, auf diesem Weg an der Macht der Erwachsenen teilzuhaben – und wer wäre nicht gerne Mamas Prinz oder Papas Prinzessin. Die Kehrseite der Medaille (fachsprachlich »Parentifizierung« genannt) ist aber immer eine Überforderung des Kindes, die sich nicht selten in Symptomen wie schulischer Verschlechterung, Rückfall in längst überwundene Verhaltensmuster (Regression), Aggressivität, selbstdestruktiven Handlungen oder anderen äußern. Umgekehrt können Sie als Eltern auftretende Symptome bei Ihrem Kind als Hinweis betrachten, wieder mal die Paarbeziehung in den Blick zu nehmen.

Kinder reagieren nach aller Erfahrung entlastet, beruhigt und mit wachsender Selbstverantwortung, wenn sie merken, dass sich ihre Eltern wieder erfolgreicher um das eigene Glück kümmern. Und an diesem Glück sind Kinder, weil sie ihre Eltern lieben, immer sehr interessiert, weshalb glückliche Eltern der beste Rückenwind für jede kindliche Entwicklung sind. Außerdem haben Kinder dann gleich ein attraktives Modell, um zu lernen, wie man gut für das eigene Wohlbefinden sorgt.

Während ihres langen Lernprozesses müssen Kinder und Jugendliche auch immer wieder unangenehme Erfahrungen machen: die Erfahrung etwa, dass ich nicht immer alles bekomme, was ich gerne hätte, oder die Erfahrung, dass ich mehr und mehr für mich selbst verantwortlich bin, wenn ich mal auf eigenen Füßen stehen will. Diese entscheidenden Erfahrungen Ihrem Kind zu vermitteln erfordert ein hohes Maß an elterlicher Konfliktbereitschaft.

Gelegentlich müssen Sie also richtig hart bleiben, selbst wenn Ihnen eine innere Stimme sagt, dass Sie sich doch erweichen lassen sollten. Ob es nun um Taschengeld, abends Weggehen oder Süßigkeiten geht, Ihre Kinder werden verschiedenste Strategien entwickeln, ihre aktuellen Bedürfnisse zu befriedigen und ihre Interessen durchzusetzen. Sie werden Sie mit Dackelaugen bezirzen, sie werden versuchen, die Eltern gegeneinander auszuspielen, oder sie werden heftige Drohungen aussprechen. Kinder dürfen das alles auch probieren, aber sie dürfen sich zumindest an wichtigen Punkten nicht durchsetzen. Für ihren späteren Erfolg im Leben ist es wichtig, dass sie sich ihre Hörner nach Möglichkeit schon in der eigenen Familie abwetzen, denn in allen anderen und späteren sozialen Kontexten ist das viel mühsamer!

Und deshalb ist es auch so wichtig, dass Eltern ein gutes Augenmaß entwickeln bei der Frage, welche Steine sie ihren Kindern aus dem Weg räumen und (ab) wann sie ihre elterlichen Dienstleistungen verweigern, damit der Spross endlich selbst »in die Puschen kommt«.

Das ist echt harte Arbeit, und fraglos gibt es auch in der Erziehung schöne und nicht so schöne Jahreszeiten. Aber so verlässlich die Jahreszeiten kommen und gehen, so hat jedes Kind die gute und große Kraft der eigenen Entwicklung in sich, auf die Eltern bauen können. Und wenn Eltern in gutem Kontakt mit sich selbst und ihren eigenen Kräften sind, können sie die Wachstumsenergien ihrer Kinder sehr gut unterstützen.

Lassen Sie mich Ihnen abschließend noch ein kleines Geheimrezept für Ihre große Aufgabe mit auf den Weg geben: Wenn Sie allzu sorgenvoll auf Ihren Nachwuchs schauen, fördert das eher die kindlichen Zweifel, Ängste und Bedenken. Am besten unterstützen Sie Ihre Kinder, wenn Sie sich hinter sie stellen und innerlich sagen: »Du wirst das gut machen!«

Viel Glück und viel Erfolg!

Gut leben – erfolgreich arbeiten

Unsere tradierten Vorstellungen von Arbeit stehen auf dem Prüfstand. Ein Blick in die Kulturgeschichte der Arbeit macht die Vieldeutigkeit des Begriffes deutlich. In der Bibel wird die Arbeit als ein Fluch beschrieben, sie ist Strafe für den Sündenfall und gleichbedeutend mit der Vertreibung aus dem Paradies. »Der Acker sei verflucht und ein Leben lang soll sich der Mensch mit Kummer darauf nähren. Er soll Dornen und Disteln tragen ..., im

Schweiße deines Angesichts sollst du dein Brot essen« (Gen. 3,17–19). Und im gleichen Buch wird gesagt, dass Gott den Menschen in den Garten Eden setzte, damit er den Auftrag der Schöpfung weiterführe. Fruchtbar soll er sein, der Mensch, sich vermehren und sich die Erde untertan machen. Wenn es »köstlich gewesen ist, so ist es Arbeit und Mühe gewesen ...« (Psalm 90,10).

In der griechisch-römischen Antike war die mühevolle Arbeit, »ponos«, den Sklaven und Handwerkern vorbehalten. Die »arete« war die Tätigkeit des Bürgers im Gemeinwesen. Die Dummen und Abhängigen schufteten im Schweiße ihres Angesichts, um den Herrschenden die Dekadenz des Müßigganges und der Kontemplation zu ermöglichen. Dort die Mühsal und die Qual, hier die Freude und die Lust am Schaffen. In dem einen Kontext bedeutet die Arbeit Fluch, in dem anderen ist sie ein Segen.

Bis heute hat sich an dieser Doppeldeutigkeit nichts geändert. Wir sprechen von höherer und niederer Arbeit, von Handarbeit und Kopfarbeit, von Erwerbsarbeit und Nichterwerbsarbeit, von gut bezahlter und von schlecht bezahlter Arbeit. In all diesen Begriffen sind Wertungen und Maße enthalten, die eine gute von einer schlechten Arbeit unterscheiden. Was bleibt, ist eine grundsätzlich ambivalente Haltung zur Arbeit: Wir erledigen sie manchmal mit Elan und freuen uns über das Ergebnis, um im nächsten Moment bei einer ungeliebten Aufgabe fluchend das Notwendige zu tun. Dabei macht es einen Unterschied, ob wir uns die Arbeitsaufgabe selbst stellen, etwa bei der Gartenarbeit, oder ob uns diese Aufgabe aufgetragen wird.

Die einen klagen über zu viel Arbeit, die anderen über zu wenig, den einen macht sie Spaß, und die anderen meiden sie, wo sie können. Manche Menschen nennt man »Workaholics«, weil ihr Lebensinhalt nur noch aus Arbeit zu bestehen scheint. Daneben gibt es die so genannten Faulen, die innerlich Gekündigten, die Motivationslosen, die etwa zehn bis fünfzehn Prozent der Betriebsangehörigen ausmachen.

Was sind nun die Kennzeichen von Arbeit? Es gibt zahlreiche arbeitssoziologische Definitionen, in denen sich folgende Elemente finden: Arbeit ist eine Tätigkeit, die gesellschaftlich organisiert ist (zum Beispiel arbeitsteilig und derzeit überwiegend unselbstständig und abhängig – im Lohnarbeitsverhältnis). Arbeit erfordert den fortgesetzten, dauerhaften Einsatz körperlicher, geistiger und seelischer Kräfte. Sie wird im Vollzug meist als Last, Mühsal und anstrengend erlebt, was aber Stolz und Freude über das Ergebnis durchaus einschließt. Arbeit läuft meist geregelt und planmäßig ab. Sie ist zielbestimmt. Arbeit führt zu materiellen Produkten oder immateriellen Dienstleistungen, die die materielle und soziale Umwelt verändern. Arbeit verändert auch den Menschen selbst und trägt zu seiner Entfaltung oder zu seiner Entfremdung bei. Sie ermöglicht die Befriedigung individueller und/oder sozialer Bedürfnisse. Sie wird vom Arbeitgeber/Kunden/Klienten/Mandanten mit »Gegenleistungen« honoriert, in denen sich die gesellschaftliche Wertschätzung der geleisteten Arbeit widerspiegelt (vgl. Neuberger 1985).

So verstanden, wird Arbeit auf reine Erwerbsarbeit reduziert und werden Tätigkeiten wie ehrenamtliche Arbeit, Familienarbeit und Ähnliches ausgeschlossen. Vielmehr wird Arbeit hier als zweckgerichtete Aktion verstanden, die in einen ökonomischen Kontext eingebettet ist und auf (monetäre) Belohnung abzielt. Zähneputzen, Autofahren, Tennisspielen, Musizieren aus selbstzweckhaften Motiven heraus wären in diesem Verständnis keine Arbeit. Sie werden erst dann Arbeit, wenn sie einen Nutzen für andere abwerfen. Wäschewaschen, Bügeln, Kochen etc. erfüllen zwar einen Nutzen, aber diese Familienarbeit wird nicht bezahlt.

Die Assoziation von Arbeit mit Mühsal und Anstrengung gründet in der alltagssprachlich üblichen Verwendung (von althochdeutsch »arabeit« = Mühsal, Not). Infolgedessen genießen jene Tätigkeiten, die uns leicht von der Hand gehen, obwohl sie Arbeit sind, nicht das Ansehen wie jene, die durch Anstrengung zu Ergebnissen führen. Selbst der Hochleistungssportler, der seinen Weltrekord mit »Anmut und Leichtigkeit« erzielt, hat sich vorher im Training gequält. Doch nicht alles, was anstrengt und Mühe macht – wie das Einüben einer Sonate des Hobbygeigers – wäre als »ökonomische Arbeit« anzuerkennen. Das heißt aber nicht, dass Arbeit, die Spaß macht und leicht von der Hand geht, keine Arbeit ist – diese absurde Haltung ist nämlich hierzulande auch stark verbreitet!

Im Alltagsverständnis von »Arbeit« meinen wir meist Erwerbsarbeit und grenzen diese ab zum Begriff der »Freizeit«. Eine eigentümliche Unterscheidung. Freizeit umfasst die »Eigenarbeit« (zum Beispiel das Bestellen des Gemüsebeets im eigenen Garten) zur Produktion von Dingen oder Werten für den eigenen Gebrauch sowie »autonome Tätigkeiten« wie Spielen, Lesen usw., die Selbstzweck sind und um ihrer selbst willen verrichtet werden. Darüber hinaus gibt es noch eine dritte Kategorie der Nichterwerbstätigkeit wie das Ehrenamt, soziale Arbeit, Haus- und Familienarbeit (zum Beispiel die Pflege von Angehörigen, Erziehung der Kinder).

Ob als Erwerbs- oder Nichterwerbstätigkeit ausgeübt: Arbeit ermöglicht Identität, Selbstwert und Erfahrungen von sozialer Zugehörigkeit, sie verursacht aber auch Identitätskrisen bei Arbeitslosigkeit, sie verletzt das Selbstwertgefühl bei beruflichen Niederlagen und führt zu sozialer Ausgrenzung im Mobbing.

Auf der Homepage des Arbeitsamtes ist zu lesen, die Arbeitslosigkeit sei weiter gestiegen und die Beschäftigungsentwicklung gebe Grund zur Besorgnis. Offenbar geht uns die Arbeit aus. Dabei gäbe es so viel zu tun: Seit PISA wissen wir, dass der Bildungsstand deutscher Schüler zu wünschen übrig lässt, es fehlt an guten Lehrern. Wir beklagen einen akuten Pflegenotstand, weil die Bezahlung und das Image dieser Arbeit potenzielle Arbeitskräfte fernhält. Speisewagen im ICE können nicht in Betrieb genommen werden, weil das Personal fehlt, und in vielen Betrieben häufen sich die Überstunden, klagen die Mitarbeiter über Erschöpfung und Überforderung.

Über die Hälfte der Deutschen, die einen Arbeitsplatz haben, gehen lustlos in ihren Betrieb: Sie sind es leid, von inkompetenten Chefs und permanenten Umstrukturierungen drangsaliert zu werden. Selbst Führungskräfte – vor allem das mittlere Management – stehen enorm unter Druck, die Vorgaben zu erfüllen, und die Angst, den Arbeitsplatz zu verlieren, tut das Ihrige dazu. Erstaunlicherweise singen dieselben Personen, die die drastischen Maßnahmen fordern, bei der nächsten Betriebsversammlung Loblieder auf das Engagement der Mitarbeiter, sie konstatieren, der Mensch sei das wichtigste Kapital im Unternehmen, in das zu investieren sich lohnt. Die Mitarbeiter der Personalabteilungen lächeln verlegen zu diesen Statements, weil sie sich schon längst damit beschäftigen, wie sie Ausstellungsgespräche führen und arbeitsrechtliche Probleme im Zusammenhang mit Kündigungen bewältigen können. Doch so zu tun, als hätte man alles im Griff, im Hintergrund derweil die Fäden zu ziehen und nach vorne das schöne Wetter zu propagieren, um am Ende als einer dazustehen, der die Dinge erfolgreich regelt, gehört heute zu einer guten Unternehmenspolitik.

Dies ist allerdings nur die eine Seite der Medaille. Die

andere ist, dass man im Hinblick auf die subjektive Bedeutung von Arbeit derzeit in Deutschland von einem Bedeutungsverlust sprechen muss. Befragt man eine repräsentative Zahl der erwachsenen Bevölkerung, ob sie ihr Leben eher als Aufgabe oder als Genuss interpretieren, so geht die Aufgabenorientierung zurück, und zwar besonders bei der Generation der unter Dreißigjährigen. Hedonismus ist angezeigt, sich für eine große Aufgabe ins Zeug legen gilt eher als uncool. Eine stark konsumistische Orientierung vor allem der jüngeren Generation fällt zusammen mit einer allgemeinen Orientierungslosigkeit bei Fragen des Lebenssinnes und der Lebensziele.

Nun sichert der Konsum von Gütern, so will man uns einreden, die ökonomische Grundlage unseres Lebens. Natürlich müssen die Güter hergestellt, vertrieben und entsorgt (konsumiert oder auch weggeschmissen) werden, doch ihr primärer Zweck liegt in ihrem Ge- oder Verbrauch. Konsumieren heißt vernichten, Platz für Neues schaffen. Die Zirkulation von Waren und Geld ist wie der Blutkreislauf im menschlichen Organismus, er erhält ihn am Leben. Bricht dieser Kreislauf zusammen, stirbt der Organismus. Allerdings muss das Herz der wirtschaftlichen Prosperität immer schneller schlagen, um im Wettbewerb mithalten zu können. Geschwindigkeit ist der Schlüssel zu wirtschaftlichem Erfolg, doch ist sie auch der Schlüssel zu einem guten Leben?

In der Geschichte der Menschheit war und ist das Beherrschen von Geschwindigkeit gleichbedeutend mit Macht. Doch mit der Zunahme von Geschwindigkeit im dritten Jahrtausend scheint sich ein Paradox anzudeuten. Der Mensch hat einen riesigen technologischen Wirbel entfesselt, wird aber selbst letztlich zum Stillstand kommen. Unsere technologischen Helfer ermöglichen, zu jedem Zeitpunkt und an jedem Ort mit der ganzen Welt virtuell verbunden zu sein – damit wird ein Unterwegssein zum anderen überflüssig. Die Wegstrecke zwischen dir und mir sowie die dafür benötigte Zeit werden eliminiert.

Der Geschwindigkeitsrausch hat die meisten Lebensbereiche erfasst: Produktlebenszeiten werden kürzer, die Entwicklungszeiten neuer Produkte wurden in vielen Bereichen halbiert, die Halbwertszeit des Wissens – insbesondere in der Medizin und in den technologischen Disziplinen – hat sich erheblich reduziert. Wir verkürzen die Schulzeit – verlängern aber die Arbeitszeit. Wir stehen stundenlang im Stau, nicht weil zu viele Autos auf den Straßen fahren, sondern weil wir schnell ankommen wollen. Wenn Kaufhäuser die Preise reduzieren, müssen wir schnell sein, um die besten Schnäppchen zu ergattern. Niedrige Preise, große Mengen, schneller Verkehr von Gütern, hohe Zirkulation von Geld. Große Sprüche, schnelle Veränderungen, hohe Abfindungen.

Doch nicht nur die Beschleunigung bereitet vielen Menschen Kopfzerbrechen, sondern auch die dadurch entstandene Entrythmisierung der Lebens- und Arbeitswelt und deren seelische und ökologische Auswirkungen. Wer heutzutage einen verantwortungsvollen Job hat, der muss in seinem Alltagsgeschäft immer wieder mit Unterbrechungen rechnen, nichts kann er effizient zu Ende bringen, vieles bleibt liegen, Gefühle der Unzulänglichkeit und Insuffizienz sind die Folge. Ökologische Ressourcen verbrauchen wir weitaus schneller, als sich diese in der Natur regenerieren können. Wir ignorieren konsequent, dass alles im Leben seine eigene Zeit und seinen eigenen Rhythmus hat. Die Nacht wird zum Tage, das Essen auf ein genussarmes Schlingen reduziert, und ausschlafen kann man, wenn man in Rente ist. Der Takt und das Tempo werden vom Arbeitsrhythmus vorgegeben mit dem Effekt, dass wir reich an Gütern sind, aber arm an Zeit.

Dies macht uns zu »gehetzten Zeitsparern«. Zeit als Lebenszeit ist kostbar, die kostbarste aller »nicht erneuerbaren Ressourcen« (Schneider 2001). Sie braucht einen pfleglichen Umgang. Eine Ökologie der Zeit zu entwickeln bedeutet, sich in der eigenen Lebensführung, in der Organisation von Arbeit bis hin zur Ausgestaltung des Wirtschaftssystems wieder mehr an Eigenzeiten und Rhythmen der inneren wie äußeren Natur zu orientieren. Es gilt, der Monokultur der Beschleunigung eine Vielfalt von Zeitformen entgegenzusetzen.

Unser beschleunigter Zeittakt geht einher mit veränderten gesellschaftlichen Strukturen und den dazugehörigen Werthaltungen. Insbesondere die Arbeitswelt ist davon betroffen. Die Öffnung der Märkte im Zuge der Globalisierung und die Weiterentwicklung der Informations- und Kommunikationstechnologien führen zwangsläufig zu einer anderen Organisation von Arbeit: Neue Konkurrenzbedingungen entstehen durch den Wegfall von Handelsbedingungen, das Internet ermöglicht die Vernetzung von Unternehmen, globale Märkte können mit virtuellen Produkten und Dienstleistungen bedient werden. Das schnelle Reagieren auf Marktveränderungen erfordert eine Beschleunigung und Optimierung unternehmensinterner Kommunikation. Der Faktor Zeit wird wettbewerbsbestimmend, die Schnellen überholen die Langsamen.

Dies führt zu permanenten Umstrukturierungen in Unternehmen, es muss abgespeckt werden, »lean« ist in. Beweglichkeit, Umgang mit Unbestimmtheit, Management von Turbulenzen sind Gradmesser für ein erfolgreiches Unternehmen. Unternehmensstrukturen, Produkte und Märkte werden kurzlebiger, das Innovationstempo wird höher. »Anti-Aging« in der Unternehmensentwicklung. Die industrielle Massenproduktion geht zurück zugunsten eines auf den Kundenwunsch zugeschnittenen Produkts. Darauf reagieren die Unternehmen mit den verschiedensten Strategien.

Da wird »downgesized« durch Personalabbau, Auslagerung und Restrukturierungsmaßnahmen in der Hoffnung, die Organisation reaktionsschneller zu machen, die Kosten zu reduzieren und Entscheidungswege zu verkürzen. »Outsourcing« (Auslagerung) ist so ein weiteres Ungetüm der Verschlankung. Das Unternehmen konzentriert sich auf seine Kernkompetenzen und lagert alle anderen Arbeiten dorthin aus, wo sie am wirtschaftlichsten erledigt werden können. Durch Zeitarbeitsverträge soll sichergestellt werden, dass Mitarbeiter nur dann im Unternehmen beschäftigt sind, wenn die Produktion sie auch benötigt. »Leiharbeiter« werden für einen Herstellungszyklus angestellt. Damit sparen die Unternehmen sowohl Rekrutierungskosten als auch Sozialausgaben.

Die Anforderungen an die Selbstständigkeit der Mitarbeiter erhöhen sich, weil sie eigenverantwortlich auf Marktveränderungen, Kundenwünsche und Unvorhersehbarkeiten reagieren sollen. Die Trennung von Entscheidungsträgern und Ausführenden wird zugunsten höherer Beteiligung und Verantwortung aufgegeben. Es findet eine Dehierarchisierung statt. In einigen Personalentwicklungsabteilungen wird dies durchaus erfolgreich praktiziert. Im Sinne einer »vagabundierenden Führung« übernimmt immer derjenige das Staffelholz, der für die Lösung des jeweiligen Problems am besten geeignet ist. Führen durch Zuruf setzt allerdings hohe psychosoziale Fähigkeiten der Mitarbeiter voraus. Die Folge ist eine enorme Flexibilisierung von Arbeitszeiten, Arbeitsorten und Arbeitsinhalten. Unter Umständen wird es keine vorhersehbare und verbindliche Entlohnung mehr geben. Also zieht euch warm an!

Die Auswirkungen auf die Belegschaft sind augenfällig: häufigere Reisen, mehr Umzüge, mehr Weiterbildung, keine deutliche Abgrenzung zwischen Arbeit und Privatsphäre aufgrund von Telearbeit. Hinzu kommt, dass der Koordinationsaufwand zwischen Beruf, Familie und Freizeit größer wird. Langfristige Planungen werden bald nicht mehr möglich sein. Ein höheres Maß an Selbstorganisation der Arbeit sowie die Weiterentwicklung sozialer und emotionaler Kompetenz sind Grundvoraussetzungen dafür, einen Job zu bekommen.

Möglicherweise wird sich die Arbeitslandschaft in zwei Arten von Jobs teilen. Einmal gibt es die »good jobs«, ausgeübt von einer kleinen Gruppe von Beschäftigten mit hoher, häufig akademischer Qualifikation. Diese Mitarbeiter verfügen über ihren Arbeitsplatz und ihre Arbeitszeit selbstständig. Sie haben gute Karrierechancen bei guter Bezahlung. Der Wert der Arbeit definiert sich fast ausschließlich über das Ergebnis und nicht über den Arbeitsaufwand. Daneben gibt es eine große Zahl so genannter »bad jobs«, die eine geringfügige Beschäftigung beinhalten. Diese Jobs sind gekennzeichnet durch fragmentierte Arbeitsaufgaben, steigende Produktions- und Arbeitsgeschwindigkeit und eine geringe Arbeitsplatzsicherheit. Die Arbeitszeiten sind unregelmäßig und die Arbeit wird schlecht bezahlt.

Robert B. Reich erweitert in seinem Buch ›Die neue Weltwirtschaft‹ den Begriff »Arbeit« um die Beschreibung dreier Tätigkeitsbereiche, die sich in der Zukunft abzeichnen (Reich 1993). Zunächst gibt es weiterhin die Routinearbeit als ehemaligen Schwerpunkt der industriellen Produktion. Sie steht unter dem Zeichen abnehmender Bedeutung und sinkender Löhne. Es geht hier um gleichförmige, repetitive Arbeit von Mitarbeitern aller Hierarchiestufen, wie sie für die Massenproduktion kennzeichnend ist. Wer hier arbeitet, muss lesen und rechnen können, verlässlich, loyal und standhaft sein.

Als zweiter Bereich hat die persönliche Dienstleistung ihre Zukunft erst noch vor sich. Im Gastgewerbe, in der Kranken- und Altenversorgung, im Einzelhandel und Verkauf wird dieser Bereich an Bedeutung zulegen. Eine starke Orientierung des Dienstleisters an der Person des Kunden steht dabei im Vordergrund. Auch hier werden die gleichförmigen Tätigkeiten überwiegen, doch der Gestaltungsspielraum im Sinne einer profitablen Kundenbeziehung ist größer als im oben genannten Bereich. Der dazu gehörige Verhaltenstypus zeichnet sich durch Freundlichkeit, Hilfsbereitschaft und animierende Zugewandtheit aus, gerade dann, wenn die Laune von Kunde und Dienstleister auf dem Nullpunkt ist.

Der dritte Arbeitsbereich ist derjenige, in dem sich die entscheidenden Tätigkeiten der Problemidentifizierung, der Problembewältigung und des Handelns aufgrund von Problemlösungen abspielen. Es sind dies so genannte »symbolanalytische Dienstleistungen« von Filmregisseuren und Schauspielern einerseits, Finanzberatern, Ingenieuren, Werbefachleuten, Architekten und Wissenschaftlern andererseits. Dabei handelt es sich um Tätigkeiten, die mit der Selektion, Aufbereitung, Interpretation und Manipulation von Daten und Informationen zu tun haben. »Symbolanalysten« haben in der Regel keine Vorgesetzten, sondern sind Partner in den verschiedensten Abhängigkeitsverhältnissen. Ihre Ausbildung zielt nicht darauf ab, bekannte Lösungen zu bekannten Problemen zu finden, sondern unbekannte Probleme zu möglichen Lösungen (vgl. Baecker 1994).

Ein vierter Bereich befindet sich außerhalb der genannten Kategorien. Es sind dies die Bauern und Bergleute, Angestellte des öffentlichen Dienstes, Lehrer, Beschäftigte staatlicher Einrichtungen usw., weil sich hier die tradierten Formen der Arbeitsorganisation am hartnäckigsten halten. Deshalb: Complete yourself!

Industrielle Produktion, Dienstleistungen sowie Informations- und Wissensmanagement sind die drei Säulen postmoderner Gesellschaften. Dabei spielt die letztgenannte die größte Rolle. Immer mehr Menschen werden damit beschäftigt sein, Informationen und deren Interpretation zu sammeln, herzustellen, zu verarbeiten und zu verteilen. Wissen wird zum wichtigsten Kapital der Zukunft. Doch das Wissen und der Zugang zu ihm alleine reichen nicht aus. Das Wissen muss in Handlung übersetzt werden, die Handlungen müssen koordiniert sein. Dazu braucht es eine funktionstüchtige Kommunikation und Beziehungsdesigns, die auf Vertrauen, Wahrhaftigkeit und Verbindlichkeit gründen. Wir stehen damit wahrscheinlich am Beginn einer großen Umwälzung von materieller Wertorientierung hin zu immateriellen Werten.

Der »Überdruss am Überfluss« am Materiellen macht sich überall bemerkbar. Jeder Haushalt verfügt im Durchschnitt über ca. 10 000 Dinge, von denen viele nicht in Gebrauch (vgl. das Kapitel »Zur Kunst des Entsorgens und Aufbewahrens«) sind. Die ökologische Seite des Problems ihrer Herstellung, Pflege und Entsorgung ist hinreichend beachtet, die psychologische dagegen weniger. Trotz des Überdrusses begehren wir weiterhin mit ungebrochener Leidenschaft. Vielleicht würden wir weniger verlangen, wüssten wir wirklich, was wir brauchen. »Je mehr wir haben, desto mehr haben wir zu wenig« (Böhme 1993).

Aber es gibt Anlass zur Hoffnung. Die große Delphi Studie der Gesellschaft für Innovative Marktforschung zum Thema der zukünftigen Werte zeigt in eine gute Richtung. Betrachtet man die Werteentwicklung von 1950 bis heute, so lassen sich fünf Phasen unterscheiden.

In den fünfziger Jahren waren die vorherrschenden Werte geprägt vom Wirtschaftswunder und seinen Folgen. Im Sinne des »Auftauens und Erhaltens« war die Wertorientierung traditionell. Recht und Ordnung, Leistung und Disziplin, leben, um zu arbeiten, Pflichtgefühl etc. galten als Leitwerte. In den sechziger Jahren, auf dem Höhepunkt des Wirtschaftswachstums, ging es dann schon mehr um das »Haben und Zeigen«. Materielle Werte standen hier im Vordergrund, soziale Sicherheit, Prestige, Konsum, materieller Wohlstand, Prosperität. Die Achtundsechziger-Bewegung richtete ihren Protest gegen diese Werte und stellte die Leistungsgesellschaft in Frage. Von dieser Protestbewegung gingen wesentliche Impulse aus zur Neuorientierung in Richtung postmaterielle Werte.

Viele Menschen suchten in den siebziger Jahren Alternativen zum genormten Leben. Sein und Selbstbestimmung, Unhabhängigkeit, Selbstverwirklichung, Konsumkritik und die Visionen der sozialen Bewegungen dieser Zeit (Friedens-, Frauen-, Ökologiebewegungen, Psycho-Boom) galten als Leitwerte. In den achtziger Jahren dann erfolgte ein Umschwung in Richtung Individualisierung und Pluralisierung der Werte. Hedonismus, Ich-Bezogenheit, Erlebnisorientierung, Oberflächlichkeit, Selbstdarstellung, Genießen und Exponieren waren die hervorstechenden Wertkategorien dieser Zeit. »Schneller, höher, weiter« als Devise wirkte bis in die neunziger Jahre hinein. Aufgrund der politischen und wirtschaftlichen Krisen und einer Pluralisierung von Lebensentwürfen entstand eine neue Unübersichtlichkeit. Ältere Werthaltungen wurden nicht aufgegeben, sondern vermischten sich mit neueren, Leistung und Individualismus verbündeten sich mit Beziehung/Kommunikation und Authentizität. Sein, Haben und Genießen werden als die postmodernen Wertorientierungen betrachtet. Man spricht in diesem Zusammenhang auch von der »fluiden Gesellschaft«, die durch folgende Grundmuster gekennzeichnet ist:

Durch das Aufweichen ideologischer, politischer und

wirtschaftlicher Grenzen weitet sich unser Erfahrungshorizont. Wir können in grenzenlosen virtuellen Räumen neue Wirklichkeiten entstehen lassen, wir können die entferntesten Ereignisse in Echtzeit zu uns holen. Die Gentechnik und die Schönheitschirurgie ermöglichen die Überschreitung der von der Natur vorgegebenen Grenzen. Möglicherweise stehen wir insgesamt unter dem chirurgischen Zwang, den Dingen ihre negativen Züge zu amputieren und sie durch synthetische Operation neu zu modellieren. Der Zufall des Gesichts wird repariert und unter Kontrolle gebracht.

Arbeit und Freizeit sind nicht mehr eindeutig voneinander zu unterscheiden. Das mobile Büro oder kleine SOHOs (small office and home office) ermöglichen, an jedem Platz dieser Erde – auch im Liegestuhl auf Mauritius – Arbeit zu leisten. Über Telekommunikation können wir zu jeder Zeit mit Kollegen oder Geschäftspartnern kommunizieren.

Kulturelle Differenzierungen fließen ineinander. Marcel Reich-Ranicki tritt in der Sendung von Thomas Gottschalk auf, Hochkultur meets Popkultur. Die Computertechnologie verschafft der Wissenschaft ungeahnte Perspektiven. Bildgebende Verfahren gewähren uns Einblicke in das Innerste unseres Körpers. Das Private wird in die Öffentlichkeit transportiert. In Talkshows werden die banalsten Alltäglichkeiten ausgebreitet und dem Zuschauer zum Fressen vorgelegt. Das eigene Leben wird vorgeführt, und man ist beruhigt, dass es im eigenen Stall anders riecht.

Diese Durchlässigkeit und Entgrenzung finden wir in der bildenden Kunst ebenso wie in der Musik (Sampling-Kultur) und in anderen Bereichen. Patchwork-Familien entstehen und vervielfachen sich nach wiederholter Trennung der Partner, soziale Zugehörigkeiten wechseln wie das Wetter, und es wird immer schwerer, das Richtige vom Falschen zu trennen.

Entgrenzung und Globalisierung sind noch immer die Leitprinzipien, die das Wirtschaften prägen. Das ist nur deshalb möglich, weil sie ökonomisch nicht das kosten, was sie ökologisch und sozial an Kosten verursachen. Peter Sloterdijk spricht ironisch von »allgemeiner Mobilmachung«, was den Transport von Gütern betrifft. In der Tat kann es einem angst und bange werden, wenn man sich an einem Wochentag auf der Autobahn befindet: Lkw an Lkw, beladen mit Beruhigungsgütern und Luxuswaren. Ökonomisch mag es durchaus vernünftig sein, dass die Deutschen fast doppelt so viel Gemüse und zehnmal so viel Obst aus Übersee wie aus Europa verzehren (Schneider 2001). Jedes Kind kennt mittlerweile Kiwis, die heimische Streuobstwiese allerdings nur vom Hörensagen. Nähe wird fremd und Ferne nah. Und wir brauchen eine Kultur der Nähe, weil nur sie Vertrauen und Verbindlichkeit schafft, auch wenn es leichter ist, sich für das Wohlergehen des Regenwaldes verantwortlich zu fühlen als für das Wohlergehen der Menschen, mit denen man Tag für Tag zu tun hat.

Als neue Meta-Herausforderung wird das »boundarymanagement« herangezogen, das dem Menschen ermöglichen soll, die eigenen Grenzen auszuloten und Entgrenzungen dort zuzulassen, wo sie der Identität Stärke und Souveränität verleihen. Selbstbeschränkung und Mäßigung sollen mehr Geltung erhalten. Überhaupt werden Leitbilder wie Balance, Stimmigkeit, Souveränität und Ähnliches herangezogen, um die drohende Verflüssigung von Identitäten aushaltbar zu machen. Unter ihrer Regie sollen das sichere Navigieren in der Ungewissheit des Lebensstromes, das souveräne Mitspielen in den unterschiedlichen Kontexten Job, Familie, Freizeit etc. eingeübt werden.

Spielkompetenz ist gefragt, um situativ die eigene Individualität und Identität durch stimmiges Positionieren zu erhalten. Es gibt niemanden im Spiel, der mir einen Platz zuweist. Die Regeln stehen zur Disposition und müssen ausgehandelt werden. Selbstmanagement im Gegensatz zur Selbsterkundung wird zur Basiskompetenz im sozialen Miteinander. Der Kultivierung von Emotionen kommt dabei eine zentrale Rolle zu.

Ging es in den fünfziger und sechziger Jahren um die Domestizierung von Emotionen, die allenfalls in der Privatsphäre des Schlafzimmers aus dem Käfig der Unterdrückung und Verleugnung herausgelassen wurden, zelebrierte man sie in den siebziger und achtziger Jahren umso mehr. Katharsis, Befreiung von negativen Emotionen, lautete das Programm: Sie wurden ausgelebt, sichtbar gemacht, öffentlich zur Schau gestellt. Heute gelten Emotionen als Wert an sich. Plötzlich entdecken Managementberater, Hirnforscher und sogar die kognitiven Verhaltenstherapeuten die Emotionen als wichtigen inneren Guide in einer komplexen Welt. ›Emotionale Intelligenz‹ wird zu einem Renner populärwissenschaftlicher Literatur. Zwischen Domestizierung und Katharsis liegt nun die Kultivierung von Emotionen als Leitbild im Wertewandel der Postmodernen.

Balancing

Zu einem gelingenden Selbstmanagement gehört die Fähigkeit, dem eigenen Leben eine Form und eine Richtung zu geben. Leben heißt in diesem Zusammenhang »Lebenskunst«. Identität und Personalität werden mir nicht gegeben durch die Zugehörigkeit zu einer sozialen Klasse oder Schicht, sondern ich muss sie mir erarbeiten, wie ein Künstler sein Kunstwerk erschafft.

Die vielfältigen Spannungsfelder des Alltags verlangen nach Ausgleich. Die (Lebens)Kunst besteht darin, zwischen Muss und Muße eine Balance zu finden. Und schon treten pfiffige Geschäftsleute auf den Plan und verkaufen »Balancing« als die ultimative Dienstleistung auf dem Markt der Persönlichkeitsförderung.

In der postmaterialistischen Orientierung hat sich die Erkenntnis durchgesetzt, dass das gute Leben nicht darin besteht, alles haben zu müssen, sondern dass das Wesentliche genügt. Etwa Zeit zu haben für die wirklich wichtigen Dinge. Das Erfreuliche an dieser Entwicklung ist, dass immer mehr Menschen, die den Wahnsinn der Maximierung und Beschleunigung durchschaut haben, auf die Karriere um jeden Preis verzichten und sich mit ebensolcher Hingabe um ihre Familie kümmern. Der Begriff dafür ist »Work-Life-Balance«.

Man versucht sich Inseln der Ruhe und Erholung zu schaffen durch Entschleunigung, ein gutes Zeitmanagement und andere Annehmlichkeiten. Lebendigkeit und Gesundheit kommen vor der Perfektion. Nicht perfekt sein müssen, sondern gut genug, lautet die Devise. Es geht darum, eine Haltung des Sowohl-als-Auch zu pflegen und das Leistungsstreben im Beruf mit dem Lebensgenuss zu verbinden. Darin liegt eine wichtige Errungenschaft.

Desgleichen haben postmaterialistische Werthaltungen Auswirkungen auf den Konsum. Konsumieren heißt bewusster wählen und pendelt zwischen Luxus und Verzicht. Nicht jeder Trend muss mich dazu auffordern, Geld dafür auszugeben, nicht jede neue technische Errungenschaft muss in meinem Wohnzimmer stehen. Die wichtigsten Alltagstugenden sind dann Pragmatismus und Humor. Sie helfen mir dabei, meine persönlichen Grenzen gelassener und selbstbewusster zu akzeptieren. Attraktivität und Wertschätzung orientieren sich dann am Sinken der Warenpegel. Für den Einzelnen bedeutet dies, dass das quantitative Weniger ein qualitatives Mehr nach sich zieht. Eine neue »Eleganz der Einfachheit« führt zu einem Mehr an Genuss, weil man mit weniger auskommt.

Beruflicher, sozialer und persönlicher Erfolg sind mehr denn je daran geknüpft, wie ich meine geistigen, körperlichen, emotionalen und sozialen Potenziale zur Entfaltung bringen kann. Selbstpflege und Selbstsorge sowie Selbstoptimierung sind vitale Themen der Zukunft. Dazu gehören lebenslanges Lernen, präventives Gesundheitsmanagement, Selbstachtsamkeit und bewusste Seelenpflege sowie das Vertrauen auf die eigene Intuition als erfahrungsgeleitetes Wissen.

So genannte »soft skills« wie emotionale und soziale Intelligenz, Instinkt, Kreativität gewinnen an Bedeutung. Die Substanz und nicht die Verpackung entscheidet über Gelingen und Nicht-Gelingen. Das angestrebte Ziel, eine vitale, kraftvolle und selbstbewusste Persönlichkeit zu werden mit dem Mut, das Eigene anzunehmen ohne Wenn und Aber, bedeutet nicht, als geklonter Dauerlächler durch die Welt zu laufen und die anderen glauben zu machen, man habe keine Schwächen. Es geht vielmehr darum, die eigenen Brüchigkeiten und Begrenzungen zu kennen und sie so zu kommunizieren, dass sie überwindbar werden oder wenigstens zu kompensieren sind. Insbesondere in beruflichen Kontexten wird Authentizität eine zunehmend wichtige Rolle spielen, weil durch die Netzwerkstrukturen der Unternehmen die Aspekte Vertrauen, Wahrhaftigkeit und Verbindlichkeit handlungsleitend sind.

Das Leben als Kunstwerk zu betrachten wird dazu führen, dass der Berater- und Coaching-Boom anhält. Viele Psychotherapeuten bewegen sich schon in diese Richtung. Wellness, Anti-Aging und functional food ergänzen die Ressourcen für die Entfaltung der eigenen Anlagen. Nicht alles ist möglich. Ein introvertierter Mensch wird trotz aller Maßnahmen kein Top-Verkäufer werden, und ein Mensch mit einem hohen Maß an sozialen Fähigkeiten ist an einem einsamen Bildschirm fehl am Platze. Doch innerhalb dieses Entwicklungskorridors ist vieles möglich, wenn die eigene Motivation ausreicht, sich auf »die Socken« zu machen.

Respiritualisierung

Unter dem Stichwort »Wiederverzauberung der Existenz« wird in der Zukunftsstudie Future Values darauf hingewiesen, dass die momentane Begeisterung für ›Harry Potter‹ oder ›Herr der Ringe‹ einen Trend sichtbar macht, den man als »Respiritualisierung« bezeichnen kann. Es gibt eine große Sehnsucht nach Sinn und Sinnhaftigkeit. Mythen, Symbole und Rituale werden zunehmend als Vehikel der Inspiration erschlossen. Die Beschäftigung mit Transzendenz, Mystik und Magie kennzeichnet am deutlichsten den Wandel zu immateriellen Werten. Das Leben ist eben mehr als nur lernen, arbeiten, streiten, lieben usw.

Religiöse Angebote werden demzufolge nicht mehr durch die Kirchenzugehörigkeit begründet, sondern durch die Teilhabe an entsprechenden Ritualen wie Taufe oder Trauung. Die Kirchen werden in Konkurrenz treten mit privatisierten spirituellen Dienstleistern. Pluralisierung und Kommerzialisierung der Sinnstiftungsangebote sind die Folge. Die großen Religionen verlieren ihre spirituellen Monopolansprüche, und es kommt zur so genannten »Patchwork-Religiosität«: von jeder Religion das Beste. Die Angebote im Grenzbereich von Weiterbildung, Therapie und Religion übernehmen die seelenhygienischen Funktionen der Kirchen.

Leben im Netzwerk

Durch die Entkoppelung der tradierten sozialen Bindungen gewachsener Gemeinschaften wie Familie oder Freundeskreis müssen neue Formen sozialer Bindungen erarbeitet werden, zumal das soziale Kapital eine der wichtigsten Lebensgrundlagen der Zukunft darstellt. Nur können wir nicht mehr in dem Maße auf tradierte Formen des Miteinanders zurückgreifen, sondern müssen sie selbst gestalten. Auf Unternehmensebene werden strategische Allianzen mit Netzwerkpartnern wettbewerbsentscheidend. Auch im privaten Bereich benötigen wir »connections«, etwa bei der Stellensuche. Damit treten Beziehung und Kommunikation deutlich in den Vordergrund. Soziale Kompetenzen werden zunehmend zum Karriereschlüssel und nicht allein die guten Zeugnisse.

Soziale Werte werden stärker auch als Gegenpol zur neoliberalen Verunsicherung und Vereinsamungsgefahr in den Mittelpunkt rücken. Dem Bedürfnis nach temporärer Gesellung mit Gleichgesinnten wird Rechnung getragen, indem man Wahlverwandschaften eingeht in Form der Teilhabe an Interessengruppen, Szenen oder Online-Communities. Clubs, Salons, Events, Online-Foren sind die beliebten Orte, an denen Menschen miteinander in Kontakt kommen.

Viele Unternehmen unterstützen das Bedürfnis nach sozialer Zugehörigkeit, indem sie Kommunikationsräume einrichten, die auch während der Arbeitszeit genutzt werden können. Traditionelle Werte wie Freundschaft, Vertrauen, Familie und Geborgenheit nehmen einen hohen Stellenwert ein. Dazu gehört das partnerschaftliche Beziehungsideal, sich gegenseitig den Rücken freizuhalten, damit jeder sein Lebensprojekt verwirklichen kann.

New Ludism

Unsere Wirklichkeit wird zunehmend als interpretierbar und gestaltbar erlebt, die Gültigkeit eindimensionaler Auslegungen hat ausgedient. Mehrdeutigkeit und das Spielen mit Optionen sind gefragt. Diese Spielräume werden faktisch als Räume zum Spielen genutzt. Vielfalt, Mehrdeutigkeit und Dynamik sind dabei die Spielsteine. Überhaupt wird das Spiel revitalisiert, nicht nur auf Computerbildschirmen, sondern auch auf Wohnzimmertischen und Küchenböden.

»Surfing on the Chaos«, Experimentieren, Ausprobieren, Agieren statt Analysieren sind die Bestandteile einer neuen Spielkultur. Spielen bedeutet jetzt nicht mehr Aneignung von Wirklichkeit, sondern Einüben des Unerwarteten, nicht mehr Kontrollierbaren. Selbst Spielregeln sind kaum noch vorgegeben, sondern bilden allenfalls einen Rahmen, der genügend Spielraum lässt für Veränderungen.

Vor allem die Vielfalt der Moden ermöglicht einen reflexiv-spielerischen Umgang mit Rollenklischees oder mit Variationen von Geschlechterstereotypen (z. B. Madonna, Drei Engel für Charly etc.). Rollenexperimente in Internet-Chatrooms sind jetzt schon ein Renner.

Futurität

Zukunftsfähigkeit ist ein weiteres Schlagwort postmoderner Wertorientierung. Die gesellschaftliche Dynamik eröffnet ständig neue Horizonte, doch ohne den persönlichen Gestaltungswillen wird einem die Teilhabe verwehrt bleiben. Zukunftsfähigkeit setzt darauf, dass es nur vorletzte Lösungen gibt. Es genügt nicht, gestern der Beste gewesen zu sein – am Update für übermorgen muss heute schon gefeilt werden. Mithalten können nur diejenigen, die sich auf das schnelle Spiel einlassen, die anderen werden Nischenplätze der Langsamkeit belegen. Sie bilden sozusagen den heilsamen Gegenpol als Wächter der Traditionen und skeptische Betrachter des beschleunigten Wandels.

In der Arbeitswelt ist »updateability« überlebenswichtig (wir haben dies weiter oben schon angedeutet).

Fortwährendes Navigieren und Neupositionieren, souveräne Handhabung neuester Technologien, schnell abrufbare Tools von Wissen und Methoden gewährleisten die Zukunftsfähigkeit. »No future« ist Vergangenheit, Zuversicht und Optimismus beherrschen die Bühne.

Mancher wird sich jetzt fragen, wo bleiben die Skeptiker, die kritischen Stimmen, die Mahner, die in allem die beginnende Apokalypse suchen? Auch die gibt es, und ob diese Zukunft eine bessere Gegenwart sein wird als die, in der wir leben, bleibt fraglich. Doch wenn wir darauf achten, dass die Vergangenheit als Wissensspeicher gewürdigt bleibt und die Zukunft nicht nur den wenigen hyperaktiven Machern gehört, und wenn wir unsere Ansprüche auf ein menschliches Maß begrenzen, können wir auf eine befriedete Zukunft hoffen. Schmerzfrei werden wir sie nicht bekommen. Es liegt in der Verantwortung jedes Einzelnen, seinen Beitrag zu leisten. Denn das Jammern und Klagen über den schlechten Zustand dieser Welt hat die Verhältnisse eher stabilisiert.

Zukunftsfähigkeit beinhaltet aber auch, Strategien der Nachhaltigkeit aufzunehmen und sie konsequent umzusetzen, indem wir ein rechtes Maß für den Umgang mit Raum und Zeit finden. Kürzere Distanzen im Verkehr und langsamere Geschwindigkeiten sind nur zwei der wirkungsvollen Strategien. Gut leben statt viel haben ist ein weiterer Aspekt, den man bei ausreichender Motivation in seinem persönlichen Umfeld sofort realisieren kann – es sei denn, vollkommene Unklarheit besteht darüber, was das gute Leben ist.

Mobilität

Beweglichkeit ist nicht nur ein Zeichen der individuellen Gesundheit, sondern gilt ebenso für Unternehmen und Gesellschaften. Leben ist Bewegung. Mobil sein heißt unabhängig sein nicht nur in räumlicher Hinsicht, sondern auch im Sinne beruflicher, geistiger und sozialer Entwicklung. Mobilität wird unterstützt durch Handy, Notebook und viele andere technologische Erfindungen. Bewegung und Beweglichkeit bedeuten aber auch verweilen können, anhalten, sich besinnen, den Gedanken- und Gemütsbewegungen folgen, sich den Bildern des Bewusstseinsstroms anheim geben, meditieren. Bei aller Beschleunigung ist dies die wichtigste Fähigkeit, wenn es darum geht, etwas zu bewegen.

Es gibt viele Beispiele, die dies belegen. So wissen wir aus der Hirnforschung, dass im Schlaf die Daten vom Kurzzeitgedächtnis in das Langzeitgedächtnis transportiert werden. Trainingseffekte im Sport sind geknüpft an ausreichende Erholungszeiten, in denen der Organismus sich an die Leistungsanforderungen anpassen kann. Die wichtigsten Entdeckungen in der Wissenschaft waren Geschenke der Kontemplation.

Bewegung und Ruhe sind Pole auf einem Kontinuum, und sie gehören zusammen. Mobilität ohne Konzentration und Richtung ist Verschwendung von Ressourcen und gehört einfach zur lustvollen Betätigung. Mobilität ohne Rhythmus, ohne Tempowechsel, ohne Struktur, ohne Koordination bleibt wirkungslos und verpufft. Dies nennt man dann Aktionismus.

Von einem Aktionismus, der die Bewegungen bremst, haben wir zur Zeit genug. Anstatt Bewegungen aufzunehmen und in gute Bahnen zu lenken, wird blindlings reformiert, restrukturiert und mobil gemacht mit dem Ergebnis einer kollektiven Müdigkeit. Also: Bewegungen brauchen ein Zentrum, von dem sie ausgehen und wieder zurückfließen – die Asiaten nennen es »Hara« oder die Mitte.

Zum Schluss dieses Kapitels möchte ich den Leser einladen, einer Geschichte zu folgen, die vielleicht befremdlich wirkt und doch eine Vorstellung davon gibt, wie man über Arbeit und die Dinge des Alltags denken kann.

Ein Europäer bereist China und wird von Wu in dessen Haus eingeladen. Wu beklagt, dass die Europäer nur oberflächlich bemüht seien, die Weltsicht der Chinesen zu verstehen. Der Europäer fühlt sich von der Kritik herausgefordert und bittet Wu, ihm den Unterschied zwischen der europäischen und chinesischen Weltsicht zu erklären. Wu beginnt also: »Wir beide haben es uns hier bequem gemacht, indem wir uns auf Stühlen niederließen. Der Stuhl ist keine ausschließlich chinesische Erfindung, sondern ebenso eine europäische. Also gehört er beiden Kulturkreisen an. Wie würden Sie als Europäer das Wesen des Stuhls definieren?«

Der Europäer druckst herum, spricht vom Zusammenhang zwischen Sitzmöbel und Körperbau und ergänzt dies durch ein paar Banalitäten wie die wechselseitige Bedeutung von Stuhl und Tisch beim Einnehmen einer Mahlzeit. Wu bestätigt den Gast in seinen Ausführungen: »Das ist richtig, nur gehen wir Chinesen etwas weiter. Noch immer bestehen die meisten Stühle aus Holz. Holz wird in Wäldern geschlagen, getriftet, in fachgerechte Stücke gesägt, dann geschieht alles so, wie Sie gesagt haben. Ein solcher Stuhl bleibt aber trotzdem ein toter Gegenstand. Lebensvoll wird er erst dann, wenn ein Mensch nach der Mühe eines langen Marsches seine Müdigkeit der Sitzfläche anvertraut, seinen Rücken an der Lehne entspannt und so die

Wohltat eines Stuhls unmittelbar erfährt, im Geiste erfasst und in der Seele empfindet.«

Der Europäer bemerkt klug, dass das eigentliche Verdienst bei der Fertigung eines Stuhles demjenigen zukommen müsse, der die Wohltat des Ausruhens durch die Gestalt des Möbels am vollkommensten zur Wirkung bringt. »Ja«, sagt Wu, »einen Stuhl kann jeder zusammenbasteln. Aber gut wird ein Stuhl nur dann sein, wenn er dem Menschen eine Wohltat ist.«

Der Europäer fragt, ob dies auch für andere Bereiche des Lebens gelte. Wu antwortet: »Für alle, vom Handwerk bis zur Philosophie. Der Zweck menschlichen Bemühens kann Gewinnstreben sein oder staatliche Ordnung oder Sieg über den Feind. Der Sinn allen Handelns aber muss die Wohltat sein, die dem Menschen erwiesen wird. Deshalb trägt bei uns der Vater des geordneten Nachdenkens, Konfuzius, denselben Ehrennamen wie der Mann, der über einen kleinen Bach die Brücke wölbt, die den Dorfbewohnern eine halbe Meile Weges erspart. Und auch der Gärtner, der die Chysanthemen durch sorgsame Pflege zur Freude unserer Augen werden lässt, wird mit dem gleichen Namen bedacht. Dieser Name hängt zusammen mit den verborgenen Wohltaten, die das Leben für uns bereithält. Wer auch nur eine solche Wohltat entdeckt und sie dem Menschen zuwendet, den nennen wir Meister.«

Gesundheit, Fitness, Wohlbefinden: Der Lebensstil entscheidet

Gesundheit und Wohlbefinden gelten neben Reichtum und Macht seit jeher als die erstrebenswertesten Lebensziele des Menschen. Lange Zeit war die gängige Definition von Gesundheit von der Vorstellung geprägt, Krankheit sei die Abwesenheit von Gesundheit. In der Neufassung einer innovativen und ganzheitlichen Gesundheitsdefinition der Weltgesundheitsorganisation WHO wird dieses Konzept aufgegeben. Gesundheit ist demzufolge der Zustand des vollkommenen körperlichen, seelischen und sozialen Wohlbefindens. Wir kennen niemanden, auf den dieses Idealmaß zutrifft.

Der Anspruch auf »Vollkommenheit« lässt jeden Menschen, der sich dauerhaft über seinen Chef oder seinen Partner ärgert, der sich dauerhaft mit finanziellen Sorgen herumplagen muss, der mit seiner körperlichen Erscheinung unzufrieden ist, als krank erscheinen. Vielleicht steigen die Kosten im Gesundheitswesen auch deshalb, weil diffuse Missempfindungen in den Mühlen des Alltags als Krankheit empfunden und einer ärztlichen Behandlung zugeführt werden, die dann unter Umständen das komplette Diagnoseprogramm veranlasst, anstatt dem Patienten aufmerksam zuzuhören. Aber dafür gibt es natürlich keine Vergütung.

Aus Studien wissen wir, dass psychosomatisch kranke Menschen durchschnittlich sieben Jahre brauchen, um eine angemessene Behandlung zu bekommen. Das heißt sieben Jahre Wanderung von Pontius zu Pilatus mit einer Vielzahl diagnostischer und therapeutischer Versuche, das Problem dingfest zu machen. In Zahlen ausgedrückt, bedeutet das: Es werden ca. 350 000 Euro verbraten, weil die Medizin immer noch davon ausgeht, dass es sich bei Magenschmerzen grundsätzlich um einen Defekt im Magen handelt und nicht um eine Wechselwirkung mit seelischen und sozialen Problemlagen.

Andererseits gibt es Menschen, die sind nicht gesund, wenn sie sich nicht krank fühlen (Karl Valentin), zumal Kranksein, Leiden und Schmerzen ein gewisses Maß an

Zuwendung sicherstellen. Für viele alte Menschen ist das Gespräch im Wartezimmer des Arztes der einzige soziale Kontakt in ihrem Leben.

Unser Gesundheitswesen betrachtet den Menschen als ein Mängelwesen, das wartungs- und reparaturbedürftig ist. Und weil es so reparaturanfällig ist, lebt ein riesengroßer Gesundheitsmarkt von dem Traum »vollkommener« Gesundheit. Kliniken und Praxen sind unter ökonomischen Gesichtspunkten Werkstätten, die durch Wartungsarbeiten und Reparatur am hochsensiblen Bewegungsutensil Körper ihr Überleben im Markt sicherstellen. Der menschliche Körper bietet Anlässe für die Schaffung neuer Arbeitsplätze, für die Konstruktion von diagnostischen und therapeutischen Geräten, für deren Wartung und Weiterentwicklung, für die Produktion von Betriebsmitteln (zum Beispiel Medikamente), für den Bau und die Einrichtung von Gebäuden, für die Verwaltung der zirkulierenden Mittel in diesem System (Krankenkassen, Kassenärztliche Vereinigung) usw. Dieser anfällige und reparaturbedürftige Mensch bietet weiterhin Anlässe zu seiner Optimierung, zum »updating«. Die Beschleunigung des Alltags, der Arbeitsdruck, die materielle Ungesichertheit der Existenz, die Abkühlung und Entfremdung innerhalb sozialer Beziehungen und eine Vielzahl künstlicher chemischer Stoffe in Nahrung, Luft und Wasser haben ihn geschwächt und noch verletzbarer gemacht.

Der »neue Mensch« (oder: besser die Utopie des neuen Menschen) lässt sich wie folgt beschreiben: Er verfügt über psychophysische und soziale Gesundheit, Wohlbefinden und Leistungsfähigkeit. Er bewältigt seine Probleme aktiv und souverän. Er ist in der Lage, befriedigende soziale Beziehungen zu knüpfen, er ist konsensfähig, kooperationswillig, beziehungs- und bindungsfähig. Er kann sich emotional situationsangemessen regulieren und steuern. Seine

Selbstregulationsfähigkeit ermöglicht ihm das richtige Wahrnehmen, Ausdrücken und Realisieren eigener Bedürfnisse, Intentionen und Motivationen.

Selbstverständlich ist er selbstreflexiv, er weiß um die Hintergründe seiner individuellen Entwicklung. Der »neue Mensch« ist fähig zur Selbst-Bestärkung, zur Selbst-Sorge und Selbst-Gefährtenschaft. Sein Lebensgefühl ist getragen von Grundvertrauen und Sinnhaftigkeit. Er hat ein positives, stabiles und zugleich vielfältiges Selbst, um den zum Teil widersprüchlichen und inkonsistenten Lebensanforderungen gerecht zu werden. Er organisiert sich stabile soziale Kontexte (»lifestyle communities«) und nutzt seine Ressourcen, so Hilarion Petzold in seiner Zielbeschreibung psychotherapeutischen Handelns. Diese Liste lässt sich noch fortsetzen. Für unsere Fragestellung sollen die Hinweise genügen.

Wenn wir die Liste psychosozialer Qualitätsmerkmale des »neuen Menschen« dadurch ergänzen, dass wir gesundheitsbewusste Ernährung, einen aktiven Lebensstil mit ausreichend Sport und Bewegung plus schönheitschirurgische Manipulation zur »Optimierung der Attraktivität« hinzunehmen, wird deutlich, wie auch hier das menschliche Maß verloren gegangen ist. Die Brüchigkeit, das Scheitern, das Unvollkommene soll eliminiert werden, um im Wettbewerb um attraktive Partner, gut bezahlte Jobs oder interessante Freundschaftsbeziehungen mithalten zu können.

Schönheitschirurgie, Fitness- und Wellness-Literatur, Gesundheitsferien, Anti-Aging-Medizin, boomende Fitness-Studios usw. kennzeichnen einen Markt, der sich vor allem dadurch auszeichnet, dass in ihm Visionen und Illusionen verkauft werden. Die Menschen mögen sich nicht mehr damit abgeben, wie sie von der Natur konzipiert wurden. Erstmals scheint es möglich zu sein, sich selbst neu zu kreieren, an der Schöpfung mitzubauen und aus sich selbst einen anderen zu machen. Ob es sich dabei um eine moderne Form der »Daseins-Flüchtigkeit« handelt, um ein »Vertriebenen-Schicksal«, das den Menschen dazu bringt, seine leibliche Behausung zu verlassen, oder um ein segensreiches Modell kollektiver Selbstheilungen ist noch nicht ausgemacht.

Allerdings belegen die Zahlen des Gesundheitswesens aktuell eher eine Verschlimmerung der Volksgesundheit denn eine Verbesserung. Interessant an der zunehmenden Erkrankungshäufigkeit der Menschen in zivilisierten Gesellschaften ist die Tatsache, dass ein Großteil der Krankheiten auf Bewegungsmangel zurückgeht. Der Geschwindigkeitswahn hat uns offenbar gelähmt und zu Stubenhockern gemacht. Die Zahlen (Quelle: Der Bundesminister für Gesundheit 2001) sprechen für sich:

- Laut WHO verursacht Bewegungsarmut weltweit jährlich 1,9 Millionen Tote.
- Jede fünfte ischämische Herzkrankheit (22 Prozent) geht auf Bewegungsmangel zurück.
- Die bestimmenden Todesursachen für viele Erkrankungen wie hoher Blutdruck, hohes Cholesterin, Fettleibigkeit, Bewegungsarmut, unausgewogene Ernährung (zu wenig Obst und Gemüse), Tabak- und Alkoholkonsum verursachen mehr als 50 Prozent der gesamten Aufwendungen in der Gesundheitsversorgung.
- Die volkswirtschaftlichen Gesamtkosten für die Behandlung von Herz-Kreislauf-Erkrankungen, die in Deutschland noch immer die Todesursache Nummer eins darstellen, belaufen sich auf ca. 25 Milliarden Euro.
- Die so genannten chronisch-degenerativen Erkrankungen des Skeletts, der Muskeln und des Bindegewebes stellen die zweitverbreitete Arbeitsunfähigkeitsdiagnose,

den häufigsten Bewilligungsgrund von Frührenten und einen Kostenfaktor von jährlich 20 Milliarden Euro dar.

- 2,3 Millionen Menschen werden in Deutschland aufgrund von Herz-Kreislauf-Problemen in Krankenhäusern behandelt.
- 15,7 Millionen der 18- bis 79-jährigen Bevölkerung haben Bluthochdruck. Nach dem 60. Lebensjahr beträgt der Anteil mehr als 40 Prozent.

Unser Organismus ist auf regelmäßige körperliche Beanspruchung angelegt, und das, was nicht bewegt wird, verkümmert. Felix Gutzwiller, Professor am Institut für Sozial- und Präventivmedizin der Universität Zürich berichtet von Schätzungen, dass jeder achte Todesfall direkt und indirekt auf körperliche Inaktivität zurückzuführen ist. An erster Stelle steht natürlich der Herzinfarkt. Aber auch Hirnschlag, Dickdarmkrebs und Diabetes sind Folgeerscheinungen der körperlichen Passivität vieler Menschen.

Das haben wir nun davon, dass der Mensch das Auto, die Rolltreppe und den Fahrstuhl erfunden hat. Jetzt jagen wir auf Fahrrädern, die nicht vom Fleck kommen, den Puls auf 150, stemmen Eisengewichte – ein Kampf ohne Gegner –, stampfen, schwitzen, drücken und dehnen. Und das alles, um unseren natürlichen Bewegungsdrang zu befriedigen. Jedenfalls sind Millionen Deutsche in ca. 5500 Fitnessstudios dabei, sich in Form zu bringen.

Theodor W. Adorno, Soziologe der Frankfurter Schule, unterstellt dem modernen Sport, dass er dem Leib einen Teil der Funktionen zurückgeben wolle, welche ihm die Maschine entzogen hat. Gleichzeitig aber ziehe er die Menschen umso unerbittlicher zur Bedienung der Maschine heran. Deshalb werde der trainierte Leib den Maschinen immer ähnlicher. Der Sport gehöre darum in das »Reich der Unfreiheit, wo immer man ihn auch organisiert«.

Viele mögen diese Analyse für eigenartig halten, doch der Fitnesswahn und die Reparaturmedizin sind eine seltsame Verbindung eingegangen: »Frisbee-Finger« (Hautabschürfungen an der Wurfhand), »Bowling-Ellenbogen«, »Carving-Knie« oder der »Jogger-Nippel« (Entzündung der Brustwarze durch Reiben der Sportbekleidung) markieren die Kehrseite des an der Maschine orientierten Körperideals und füllen die Praxen fleißiger Orthopäden. Dort ist schon jeder zweite Patient ein lädierter Sportsfreund.

Sportmediziner fanden heraus, dass im Blut von 50 per Zufall ausgewählten Freizeitjoggern doppelt so viel Milchsäure wie zuträglich zirkulierte. Die Gleichung Sport = gesund wird bisweilen also allzu vereinfachend angewendet. Besonders dann, wenn das Maß für Belastung und Erholung nicht aufgrund der eigenen körperlichen Voraussetzungen (Trainings- und Gesundheitszustand) bestimmt wird, sondern durch utopische Leistungsziele, deren Erreichung den Organismus schädigen kann. Dagegen führt, das belegen Studien, ein moderates Training vor allem des Herz-Kreislauf-Systems selbst im hohen Alter zu merklichen Verbesserungen. An der Deutschen Sporthochschule in Köln ließen Forscher 55- bis 70-jährige Männer, die jahrzehntelang keinen Sport getrieben hatten, dreimal die Woche 30 bis 40 Minuten auf Fahrrad-Ergometern strampeln. Schon nach acht Wochen hatte sich die Sauerstoffaufnahme im Blut um 18 Prozent erhöht. Die Probanden waren so leistungsfähig geworden wie 20 Jahre jüngere untrainierte Personen.

»Laufen, ohne zu schnaufen« lautet die Devise für ein gesundheitsförderliches Bewegungsprogramm. Auch wenn wir uns in unserem Leben häufig am Maximum oder am Optimum orientieren, geht es bei der Gesundheit eher um ein Minimum an Belastung und nicht um Höchstleistungen.

Ein moderates, aber regelmäßiges Bewegungsprogramm gewährleistet verschiedenste Schutzeffekte.

Ausdauer

1. Ein trainiertes Herz benötigt weniger Sauerstoff, wodurch sich die Gefahr eines Infarkts verringert. Die Phase des Erschlaffens zwischen zwei Kontraktionen dauert bei einem kräftigen Herzen länger. Und gerade in dieser Phase wird der Herzmuskel mit Blut versorgt. Bedenkenswert ist, dass ein solches Herz pro Minute ca. zehnmal weniger schlägt als ein untrainiertes Herz. Das macht am Tag 14400 und in einem Jahr 5256000 Schläge weniger – welch eine Ökonomisierung!
2. Die Fließeigenschaften des Blutes verbessern sich erheblich. Die roten Blutkörperchen werden elastischer und passen sich leichter der Form der kleinsten Blutgefäße an. Das reduziert die Schlagkraft des Herzens.
3. Die Blutplättchen verklumpen nicht so leicht und bilden seltener lebensgefährliche Blutgerinsel.
4. Der Anteil des »guten« HDL-Cholesterins nimmt auf Kosten des »bösen« LDL-Cholesterins zu. Das LDL-Cholesterin wird mitverantwortlich gemacht für die Entstehung der Arteriosklerose.
5. Der Blutdruck wird geringfügig gesenkt. Beim Hochleistungssport ist er erhöht.
6. Ein trainierter Organismus verbraucht auch in Ruhe mehr Energie. Dies reduziert langfristig die Pfunde, die das Herz belasten.
7. Durch ein moderates Ausdauertraining (lang und langsam) wird das Immunsystem gestärkt. Es ist ein guter Schutz gegen Krebs.

8. Eine Studie an über 60 000 Frauen zeigte, dass sportliche Freizeitaktivitäten wie zum Beispiel Joggen das Risiko von Gallensteinen erheblich reduzieren konnten.
9. Mit zunehmender Intensität des Ausdauertrainings steigt die Durchblutung des Gehirns um bis zu 25 Prozent, was Aufmerksamkeit und Gedächtnisleistungen verbessert.
10. Durch die erhöhte Ausschüttung stimmungsaufhellender Botenstoffe im Gehirn kommt es zu Stimmungsverbesserungen vor allem bei ängstlichen und depressiven Menschen.
11. Ausdauersport kann zwar das Leben nicht verlängern, aber mehr Lebensqualität herstellen. Dabei gilt die Devise, nicht mehr Zeit ins Leben, sondern mehr Leben in der Zeit.

Kraft

1. Eine gut entwickelte Muskulatur ist Garant für eine effektive Haltungsprophylaxe und bewirkt eine Stabilisierung und Sicherung der Wirbelsäule. Dies ist von außerordentlicher Bedeutung, da ca. drei Viertel der Bevölkerung an chronischen Rückenschmerzen leiden. Sie zählen zu den häufigsten Ursachen für frühe Arbeitsunfähigkeit.
2. Gut trainierte Muskeln bewirken einen effektiven Gelenkschutz. Die Anfälligkeit für Verletzungen und Arthrose verringert sich.
3. Kräftige Muskeln stehen in direktem Zusammenhang mit einer hohen Knochendichte, die das Risiko von Brüchen reduziert. Inaktivität führt hingegen zu einem steten Knochenmassenabbau und daher langfristig zu Osteoporose. Selbst hochbetagte Personen können sich

vor einer solchen Erkrankung schützen, wenn sie regelmäßige Kräftigungsübungen durchführen.

4. Wer auf muskelschwachen Beinen steht, stürzt leicht. Muskel- und Knochenmasse gehen bei nicht-trainierten Personen pro Jahr um ca. 1 Prozent zurück, wobei vor allem der Anteil der »schnell zuckenden« Muskelfasern abnimmt. Die wiederum sind es aber, die schnell reagieren und Stürze abfangen und mildern können.
5. Ein mehr an Kraft hat einen maßgeblichen Einfluss auf die Vitalität und das Selbstvertrauen und fördert eine positive Lebenseinstellung.

Beweglichkeit und Koordination

1. Das Risiko von Muskel-, Sehnen- und Bänderverletzungen kann durch ein tägliches minimales Beweglichkeitstraining verringert werden. Durch einseitige Beanspruchungen (langes Sitzen etc.) werden typische Muskelgruppen verkürzt und damit verletzbarer. Leichtes Dehnen kann dem entgegenwirken.
2. Vor allem im Alter können alltägliche Verrichtungen wie Schuhe-Binden, An- und Ausziehen oder Schließen von Reißverschlüssen im Nackenbereich zur Tortur werden. Durch ein adäquates Beweglichkeitstraining kann man diesen Minimalansprüchen Genüge tun.
3. Dehngymnastische Übungen verbessern die Bewegungsökonomie, sie bewirken eine allgemeine Entspannung und führen zu einer schnelleren Erholung.
4. Gezieltes Stretching kann helfen, durch Stress hervorgerufene muskuläre Verspannungen abzubauen.

Schnelligkeit

Schnelligkeit beinhaltet nicht nur die Fähigkeit, schnell zu laufen. Schnell zu sein in der Wahrnehmung und Reaktion, schnell zu sein bei Entscheidungen in Notsituationen sind ebenso wichtige Fähigkeiten. Jede Bewegungsgeschwindigkeit hat ihr charakteristisches muskuläres Erregungsmuster. Schnelle und kraftvolle Bewegungen ermöglichen die schnell zuckenden Muskelfasern, langsame, mit geringer Kraft ausgeführte Bewegungen vor allem die langsam zuckenden Muskelfasern. Werden nicht alle Muskelfasern gleichermaßen trainiert, vemindern sich die nicht trainierten (meist sind es die schnell zuckenden Muskelfasern) bzw. verschwinden sogar ganz. Personen, die über Jahre keine Maximal- bzw. Schnellkraftbelastungen ausführen, können bei Stürzen weder schnell reagieren noch den Sturz entsprechend abfangen oder verhindern.

Neben den genannten Wirkungen regelmäßiger Bewegung gibt es andere, die sich eher auf den Bereich des Wohlbefindens und der Lebenszufriedenheit beziehen. Etwa 75 Prozent der Sportler erleben nach dem Training eine Wohlbefindlichkeitssteigerung; sie fühlen sich ruhiger, sie kommen in eine gehobene Stimmung, Erregung und Ärger verringern sich, und gut 20 Prozent fühlen sich vitaler und aktiver. Allerdings beschreiben immerhin 15 Prozent der Sporttreibenden eine Verschlechterung ihrer Befindlichkeit. Es sind vor allem diejenigen, die Bewegung als Mittel zum Zweck betrachten. Sie quälen sich, um überflüssige Pfunde abzubrennen, um sich den erhofften Waschbrettbauch anzutrainieren oder um dem Altern davonzulaufen. Eine höhere Fitness verbessert also nicht automatisch die Zufriedenheit und das Wohlbefinden. Auch bei den körperlichen Aktivitäten geht es um das Maß, mit dem man an die Verbesserung seines Gesundheitszustandes herangehen sollte. Eine halbe Stunde Bewegung am Tag in mittlerer Intensität reicht aus, um die Gesundheit, die Lebensqualität und Leistungsfähigkeit günstig zu beeinflussen. Gartenarbeiten, lange Spaziergänge, bewegungsintensive Reparaturarbeiten im Haushalt genügen dazu vollkommen.

Die Kunst, sich gesund zu erhalten, ist so alt wie die Menschheit selbst. Wir wissen, dass Gesundheit nicht selbstverständlich ist, sondern dass wir etwas für sie tun müssen. Die Erhaltung und Pflege der Gesundheit ist damit auch eine Sache der Lebensführung und Lebensgestaltung.

Die antike Medizin wusste sehr wohl um diese Zusammenhänge. Herodikos von Chalkedon schrieb schon vor über 2000 Jahren, dass die Gesundheit das höchste Gut sei und die Heilkunst die vornehmste aller Künste, und wenn die Gesundheit fehle, könne sich die Weisheit nicht zeigen, die Kunst nicht offenbar werden und aller Reichtum nichts nützen. Überhaupt sind die antiken Lehren von einer gesunden Lebensweise (Diätetik) eine wahre Fundgrube für ein Gesundheitsverständnis, das organische, psychische, soziale und ökologische Aspekte in ein ganzheitliches Konzept integriert.

Ausgewogenheit beim Essen und Trinken, bei Anstrengung und Ruhe, beim Schlafen und Wachen, ausreichende Betätigung in der frischen Luft, fürsorgende Körperpflege, Genuss der schönen Dinge, liebevolle und bereichernde Beziehungen zu anderen Menschen waren die Leitgedanken einer antiken Gesundheitsvorstellung.

Die Medizin ist hier weniger Behandlung als Anleitung zum guten Leben: »Man muss dem Geiste Erholung gewähren und ihm immer wieder Muße gönnen, damit auf Spaziergängen unter freiem Himmel und an frischer Luft sich der Geist belebe und erhebe«, heißt es bei Seneca.

Und weiter sagt Seneca, der um die Bedeutung der Selbsterforschung im Dialog mit anderen wusste: »Nichts erfreut wohl in vergleichbarer Weise, wie eine Freundschaft in Treu und Liebe. Was an Guten ist noch da, wo Herzen dazu bereit sind, dass gefahrlos jedes Geheimnis anvertraut werden kann, deren Mitwissen du weniger fürchtest als dein eigenes, deren Zuspruch deine Zerknirschung lindert, deren Rede Rat gibt, deren heitere Freundlichkeit Schwermut auflöst und deren Anblick erfreut.« Dies klingt bei genauerer Betrachtung wie die Erfindung der Psychoanalyse, ist aber der schlichte Versuch, die Seelenführung als »zwischenmenschliche Praxis in guter Alltäglichkeit« zu verankern. Senecas Überlegungen werden durch neuere Forschungsergebnisse gestützt.

Wir wissen, dass eine gelingende soziale Interaktion und unterstützende soziale Netzwerke den Menschen nicht nur gesünder machen, sondern auch länger leben lassen. Unser Wohlbefinden hängt sehr stark von der Qualität unseres Austauschs mit anderen Menschen ab, sei es in der Familie, im Beruf oder unter Freunden. Eindrucksvoll wird das im »Garfinkelschen Krisenexperiment« dargestellt: Unbehagen entsteht, wenn ein Mensch in einem sonst leeren Raum beispielsweise nahe an einen anderen herantritt oder dessen Gruß nicht erwidert. Dieser fühlt sich dann eingeengt oder schnöde behandelt, und wenn er nicht aus dem Feld gehen oder keine Gründe für das unfreundliche Verhalten finden kann, regt ihn das besonders auf. Sein Gesichtsausdruck wird starr, er beginnt herumzunesteln, die Stimme wird schrill oder pelzig und er klagt möglicherweise über Herzklopfen und beginnenden Ärger.

Solche sozialen Minikrisen stellen einen erheblichen Belastungsfaktor dar. Es sind die »alltäglichen kleinen Hässlichkeiten«, die uns häufig mehr zusetzen als große Unannehmlichkeiten. In einer Untersuchung dieser Minikrisen wurde festgestellt, dass fast alle Testpersonen schon nach zwei bis drei Sekunden starke Erregungsanzeichen aufwiesen, wenn ihr Gesprächspartner, anstatt zu antworten, nichts sagte oder gar demonstrativ den Blickkontakt abbrach. Physiologisch zeigte sich dies in einer kontinuierlichen und starken Abnahme des Gefässvolumens, die mit der Erregung einherging. Offenbar reagieren wir negativ, wenn andere Menschen von erwarteten sozialen, insbesondere kommunikativen Standards abweichen.

Für unser Wohlbefinden brauchen wir ein Mindestmaß an positiver emotionaler Resonanz, vor allem von jenen Menschen, die uns wichtig sind. Fehlt diese Resonanz, sind wir irritiert, fehlt sie dauerhaft, kann es zu psychischen Beeinträchtigungen kommen. Mobbing in der Arbeitswelt oder in der Schule ist seit einiger Zeit ein aktuelles Beispiel für demütigendes und manipulatives soziales Verhalten. Deshalb ist die Pflege einer gesunden »Konvivialität« (von lat. »convivus«, der mit mir in der Hausgemeinschaft Lebende, der Gast, die »Gastin«) für unsere Gesundheit von größter Bedeutung.

Doch wer kennt heute noch das heitere Miteinander, wenn Menschen bei einem Gastmahl oder einem Gespräch beisammen sitzen, wenn sie miteinander spielen, singen oder lachen? Es geht hier um die besondere Qualität der Leichtigkeit des Miteinanders: wo jeder so sein kann und akzeptiert wird, wie er ist, wo ein Raum der Sicherheit und Vertrautheit besteht, ein sozialer Raum, in dem man ohne Furcht vor Bedrohung, Beschämung oder Beschädigung beieinander sein kann. Es gibt diese Art der Gemeinschaftlichkeit bei allen Völkern dieser Welt, und es gab sie zu allen Zeiten. Sie scheint ein Garant für soziale Gesundheit zu sein, weil sie ein Klima sozialer Zugehörigkeit und Wärme schafft.

Die Gestaltung eines solchen Raumes ist gar nicht aufwändig: gemeinsames Kochen und Spielen mit Freunden, anstatt sich dem Anspruch zu unterwerfen, aus der eigenen Küche einen Gourmet-Tempel zu machen. Ein paar Minuten Austausch mit der Partnerin oder innerhalb der Familie über die Tagesereignisse würden schon genügen, um positive »klimatische« Veränderungen herbeizuführen.

Besonders gravierend sind die gesundheitlichen Folgen in einem schwierigen Arbeitsumfeld. Gemeint sind in unserem Zusammenhang die so genannten stressbezogenen Krankheitsrisiken und Krankheitsfolgen, die sich aus dem Zusammenspiel von persönlicher Überforderung, hohen Leistungserwartungen und einem ressourcenarmen Arbeitsumfeld ergeben. Zunächst möchten wir betonen, dass Arbeit eigentlich zur Gesundheit und Lebensqualität beiträgt. Sie bietet nicht nur die Sicherung des Lebensunterhalts, sondern auch Kontaktmöglichkeiten, soziale Zugehörigkeit, Erwerb neuer Kenntnisse und Fertigkeiten. Gute Arbeit zu leisten macht stolz und zufrieden, führt im besten Falle zu Anerkennung und Würdigung und bildet damit die Grundlage für ein positives Selbstwertgefühl.

Die Kehrseite beim Ausbleiben dieser Aspekte zeigt sich in Spannungsgefühlen, Gereiztheit, Erschöpfung, Schlafproblemen, Depressivität und Ähnlichem. Aber auch ein erhöhtes Risiko für Herz-Kreislauf-Erkrankungen, Bluthochdruck, Rückenschmerzen und die Schwächung des Immunsystems können Folgen einer prekären Arbeitssituation sein. Betrachtet man diese Zusammenhänge etwas genauer, so lassen sich die stressbedingten Gesundheitsgefährdungen gut identifizieren.

Besonders wichtig ist der Handlungsspielraum, den ein Mitarbeiter hat. Eigene Entscheidungen treffen zu können – wann man etwa eine Arbeit ausführt, was man wie erledigt usw. – ist ein wesentlicher Faktor für Arbeitszufriedenheit. Englische Forscher stellten fest, dass das Fehlen eigener Kontrolle über Arbeitsabläufe, Arbeitszeit, Arbeitsinhalte usw. das Risiko von Herz-Kreislauf-Erkrankungen erhöhte, da der Spiegel des Stresshormons Adrenalin dauerhaft ein hohes Niveau aufwies. Ein besonderes gesundheitliches Problem stellt der Zeitdruck dar. Wir hatten uns schon mit dem Phänomen der zunehmenden Geschwindigkeit in unserem Alltag befasst. Im Zusammenhang mit gesundheitlichen Fragen fordert der extreme Zeitdruck in allen Branchen und Berufen seinen Tribut. Dabei sind nicht einzelne hektische Perioden besonders belastend, sondern die Tatsache, ständig unter Druck zu stehen, zu viel in zu kurzer Zeit erledigen zu müssen. Muss und Muße sind nicht mehr ausbalanciert.

Darüber hinaus gibt es Belastungsfaktoren, die mit einer ineffizienten Arbeitsorganisation einhergehen. Fehlende Informationen, unzureichendes Arbeitsmaterial, häufige Unterbrechungen von Arbeitsprozessen, widersprüchliche Zielvorgaben etc. sind zusätzliche Stressoren, die mit erhöhter Reizbarkeit und einem erhöhten Risiko psychosomatischer Beschwerden verbunden sind. Interessant an diesem Umstand ist, dass es die Menschen stresst, wenn sie ihre Arbeit nicht effizient erledigen. Das bedeutet im Umkehrschluss, dass die effiziente Erledigung positive Konsequenzen hat.

Über die Wichtigkeit der sozialen Beziehungen haben wir weiter oben schon gesprochen. Unfaire Behandlung, chronische Konflikte, mangelnde Unterstützung sind Faktoren, die einem die Arbeit richtig vermiesen können. Einer neueren Untersuchung der Unternehmensberatungsgesellschaft Gallup zufolge sind nur 12 Prozent der deutschen Arbeitnehmer engagiert und zufrieden in ihrem Job. Dagegen machen 70 Prozent Dienst nach Vorschrift und 18 Prozent haben bereits innerlich gekündigt. Die Gründe sind vielfältig, doch im Vordergrund stehen tatsächlich Kommunikationsbarrieren und soziale Probleme. Der wirtschaftliche Schaden beträgt etwa 247 bis 260 Milliarden Euro, rechnet man die Kosten für arbeitsbedingte Erkrankungen hinzu, kommt man leicht auf über 300 Milliarden Euro. Diese astronomische Summe resultiert daraus, dass Menschen zunehmend weniger miteinander auskommen, dass sie nicht (mehr) wissen, wie man lobt, wie man eigene Interessen zurückstellt, wie man miteinander spricht.

Höflichkeit, Respekt und Achtsamkeit verschwinden aus der Arbeitswelt, und ihr Verschwinden erzeugt Kosten. Paradox an dieser Situation ist die Tatsache, dass niemand von einer solchen Entwicklung profitiert – und dennoch macht man sich weiterhin gegenseitig das (Arbeits-)Leben schwer. Stellen Sie sich einmal vor, Sie würden die Firma oder Institution, bei der Sie beschäftigt sind, mit den Worten verlassen: »Das war ein guter Arbeitstag!« Welche Ereignisse hätten eintreten müssen, damit Sie genau diesen Satz sagen können? Und welche Möglichkeiten hätten Sie selbst gehabt, diese Ereignisse herbeizuführen? Mit dieser kleinen Übung können Sie versuchen, beharrlich an einer positiven Veränderung mitzuwirken, anstatt die Schuld immer bei den anderen zu suchen.

Im Jahresdurchschnitt fehlen (laut Statistik der deutschen Krankenkassen) zwischen drei und fünf Prozent der deutschen Arbeitnehmer aufgrund von Erkrankung oder Unfall. Die Gründe sind vorwiegend Krankheitsfolgen durch Bewegungsinaktivität, Fehlbelastungen des Skeletts und der Muskulatur sowie aufgrund der vielen kleinen und großen sozialen Hässlichkeiten im Betrieb (Blaumachen wegen Motivationsmangel ist hier ausgeklammert). Das sind in einem Unternehmen mit 6000 Mitarbeitern täglich 180 bis 300 Arbeitnehmer, die nicht im Betrieb erscheinen. Legt man als Gesamtkosten für einen Arbeitsplatz ca. 70 000 Euro jährlich zugrunde, wäre das für alle fehlenden Mitarbeiter eine Gesamtsumme zwischen 1 260 000 und 2 100 000 Euro. Dies ist eine erschreckende Rechnung, und manche Unternehmen sollten deshalb prüfen, ob sie genug für die Gesundheitsprophylaxe ihrer Mitarbeiter tun.

Denn die Gesundheit der Belegschaft ist in dieser Perspektive ein wichtiger Wettbewerbsfaktor und entscheidet auch über den Unternehmenserfolg. Studien über den Gesundheits- und Fitnesszustand deutscher Führungskräfte legen den Schluss nahe, dass im betriebswirtschaftlichen Sinn »kränkelnde« Unternehmen von ungesunden, schlecht trainierten, unhöflichen, kommunikationsgestörten Führungskräften geleitet werden. Anstatt also dauernd über schlechte Marktbedingungen zu klagen, den Standort Deutschland zu verunglimpfen, die inkompetente Wirtschaftspolitik unserer Regierung zu brandmarken, sollte man sich mehr um den biopsychosozialen Zustand der Manager kümmern. Und es ist mit Nachdruck der Luxemburger Deklaration zur betrieblichen Gesundheitsförderung in der Europäischen Union (1997) zuzustimmen, wenn sie darauf hinweist: »Zukünftiger Unternehmenserfolg hängt von gut qualifizierten, motivierten und gesunden Mitarbeitern ab. BGF (Betriebliche Gesundheitsförderung) spielt eine entscheidende Rolle dabei, Mitarbeiter und Unternehmen auf diese Herausforderung vorzubereiten. Dies kann durch eine Verbesserung der Arbeitsorganisation und der Arbeitsbedingungen, die Förderung einer aktiven Mitarbeiterbeteiligung und Stärkung persönlicher Kompetenzen erreicht werden.«

Wenn wir weiter oben von »biopsychosozial« sprechen, beziehen wir uns auf eine ganzheitliche Gesundheitsdefinition, die psychologische, biomedizinische, soziologische und ökologische Dimensionen gleichermaßen einbezieht.

Dabei wird Gesundheit als die regulative Fähigkeit des Menschen gesehen, mit den vielfältigen Anforderungen des Lebens so umzugehen, dass die Funktionsfähigkeit der körperlichen, psychischen und sozialen Organisation erhalten werden kann. Gesundheit als Fähigkeit, als Kompetenz zu betrachten lockt uns aus unserer Passivität und fordert uns auf, aktiv an ihrer Gestaltung teilzuhaben. Gesundheitspsychologen sprechen in diesem Zusammenhang davon, dass der Lebensstil eines Menschen – neben seiner ökonomischen Situation – einen wesentlichen Einfluss darauf hat, ob er gesund bleibt oder krank wird.

Der Zustand vollkommener Gesundheit oder gar immerwährenden Glücks und Erfolgs ist eine Illusion. Wir wissen aus eigener Erfahrung, dass es die Krisen im Leben sind, die uns schulen, mit schwierigen Situationen umzugehen. Wir sollten deshalb aufhören, die Krisen zu meiden und eine gute Art und Weise finden, uns ihnen zu stellen. Dabei haben die materielle Situation, das Wissen, die Bewältigungsfähigkeiten, ein positives Selbstwertgefühl und tragfähige soziale Bindungen offenbar eine Schutzfunktion gegenüber Belastungen und Stress. So genannte »resiliente« (geschützte) Menschen verfügen darüber hinaus über eine positive emotionale Befindlichkeit, sie sind zuversichtlich, sie reagieren auf Herausforderungen mit einem hohen Energie- und Antriebsniveau, sie sind expressiv, gewissenhaft und begegnen den Herausforderungen des Lebens mit der Devise: »Wenn ich mich anstrenge, schaffe ich es schon.«

Resiliente Menschen verfügen über genügend Ausdauer, um auch an schwierigen Aufgaben dranzubleiben. Sie sind in der Lage, sich Ziele zu setzen, deren Realisierung wahrscheinlich (und nicht utopisch) ist. Sie betrachten die Ereignisse in ihrer Sinnhaftigkeit und sie fühlen sich in einen größeren, sinnvollen Zusammenhang eingebettet. Diese

Menschen schauen auch über den eigenen Tellerrand, sie sind sozial interessiert und zugewandt, ohne ihre Autonomie aufzugeben.

Das rechte Maß im Hinblick auf Gesundheit, Fitness und Wellness besteht zunächst darin, den Anspruch auf das »Rundum-Sorglos-Paket« mit den Inhalten Leidensfreiheit, unbegrenzte Lebensspanne, Delegation von Verantwortung, Ausrottung von Krankheiten usw. aufzugeben zugunsten der Bereitschaft, so etwas wie »Selbstbehandlungskompetenz« und »gesundheitsbewussten Lebensstil« zu lernen. Den Menschen zum Souverän seines Lebens und seiner Gesundheit zu machen ist wohl das spektakulärste Projekt für unser Jahrtausend. Krankheit gilt dann nicht mehr als Hilfsbedürftigkeit, sondern als Gelegenheit, bisherige Lebensstrategien zu überprüfen und entsprechend zu revidieren.

Die professionellen Begleiter haben dabei die Aufgabe, einen Bewusstseinsraum zu erschließen, in dem die Entdeckung der Lebensthemen und das Erlernen von effektiven Handlungsstrategien im Mittelpunkt stehen. Das Bild des gesunden Menschen wäre nicht mehr geprägt vom Fehlen der Krankheit, sondern von der Vorstellung, auf die Gestaltung der eigenen Biografie so einzuwirken, dass die Verantwortung für das eigene Leben auch unter schwierigen und schmerzhaften Bedingungen übernommen werden kann.

Essen und Trinken: Slow Food und die Lust am Nein mit einigen leckeren Erfahrungen aus der Autorenküche

Bei der Antwort auf die Frage, wie wir uns ernähren, kommt auch gut zum Ausdruck, wie es gerade um unsere Selbstachtung bestellt ist. »Sag mir, was du isst, und ich sage dir, wie du über dich denkst«, mag zwar anmaßend klingen, aber es ist etwas dran. Auch die Art und Weise, wie wir Nahrung zu uns nehmen, drückt aus, was und wie viel wir uns wert sind. Es geht uns hier gewiss nicht darum, bestimmte Mengen bestimmter Lebensmittel in eine Glücksskala einzureihen.

Wir wissen aus eigener Erfahrung, dass eine gute Leberkässemmel Wunder wirken kann, und mein Vater, durchaus Stammgast in so manchem Tempel europäischer Sterneküche, weist immer wieder gerne darauf hin, dass für ihn eine angebräunte Briesmilzwurst mit Kartoffelsalat das Höchste sei.

Erwarten Sie also keine großen ökotrophologischen Ausführungen oder jüngste Erkenntnisse aus der Iss-dich-schlank-und-gesund-Journaille.

Wenn Sie mit Ihrem ganz normalen Hunger und häufig damit verbundenen Gelüsten in gutem Kontakt sind, sind Sie unseres Erachtens schon auf dem richtigen Weg. Wenn Sie dann noch angenehme Rahmenbedingungen schaffen und sich die Zeit nehmen, die Sie für Ihre Mahlzeit gerne haben (vielleicht ja auch ein bisschen mehr?), ist das schon die halbe Miete.

Dass ich dieses Kapitel schreibe, hat eine gewisse Logik: Meine Mutter hat wunderbar gekocht, die Küche war in meinem Elternhaus immer der Lebensmittelpunkt, und als ich die wesentlichen Runden einer durchaus bunten Pubertät hinter mich gebracht hatte, begann die Mama recht erfolgreich, Kochbücher zu schreiben. So trete ich auf meine Weise ihr Erbe an.

Als ein Küchenkind empfehle ich Ihnen als Erstes: Wann immer Sie die Möglichkeit haben, nehmen Sie die Wohnung mit der größten Küche, in der Sie auch zu viert oder zu sechst gemütlich sitzen, schmausen und reden können. Ihre Freunde und Ihre Kinder werden es Ihnen danken. Nehmen Sie Abschied von der gar nicht hilfreichen Idee eines Esszimmers, weil die räumliche Trennung von Nahrungszubereitung und -aufnahme eine künstliche, für die Seele aber mitnichten eine sinnvolle ist. Notwendig ist sie in der Gastronomie – aus hygienischen Gründen –, doch auch da bevorzuge ich Lokale, die einen relativ direkten Einblick ins Kochgeschehen zulassen. (Wenn Sie ein Esszimmer haben, nutzen Sie es bitte in bewährter Weise weiter – schließlich sollen Sie uns nur glauben, was Sie selbst für sinnvoll halten.)

Ich nehme mir die Zeit, die ich brauche, und ich nehme mir den Raum, den ich brauche. Dieses für alle Lebensbereiche zweckmäßige Motto gilt auch für dieses Kapitel in kaum zu überschätzender Weise.

Doch bevor wir uns auf den Weg zu einer schönen Mahlzeit machen, lade ich Sie zu einer kleinen Exkursion in die Philosophie des guten Essens und die Psychologie der guten Ernährung ein. Dabei kann das eine oder andere kritische Wort über Irrwege der Ernährungsentwicklung, (markt)politische Aspekte des Themas, aber auch den sich häufenden Verlust des Maßes (bei Essstörungen und Sucht) nicht ausbleiben. Wir werden aber den Genuss nicht aus den Augen verlieren – und versprochen: Nachdem ich einige wirklich lustvolle Aspekte des Verzichts genannt habe, gehen wir auf den Markt und dann endlich in die Küche!

Essen ist, finde ich, ein so schönes und wichtiges Thema, dass ihm einige philosophische Bemerkungen durchaus zustehen. »Essen und Trinken hält Leib und Seele zusammen«, heißt es so schön, und richtig verstandene Ernährung erfüllt diesen Zweck in der Tat, wie es die meisten von Ihnen (hoffentlich) schon oft genug erlebt haben. Wenn Menschen bei einem guten Mahl beisammen sitzen, vereinen sich Appetit, Lust, Genuss und gute Gespräche zu einer friedlichen Atmosphäre – die zufriedene Seele baumelt.

Dass wir in einem Land leben, in dem sich die meisten Menschen solche Gelegenheiten schaffen können, verdient meines Erachtens ein rechtes Maß an Dankbarkeit. Das ziemlich aus der Mode gekommene Tischgebet war durchaus eine Form, die Dankbarkeit dafür zum Ausdruck zu bringen, dass uns das Füllhorn der Natur scheinbar grenzenlos verwöhnt. Wenn solche Rituale ihres tieferen Sinns verlustig gehen, kann man sie auch getrost weglassen. Ich bin aber sehr dafür, neue Rituale zu entwickeln, die ausdrücken, dass das »tägliche Brot« keine Selbstverständlichkeit und ein Danke (nicht nur an den Koch/die Köchin) einfach angebracht ist.

Ich bin der Überzeugung, dass sich in der Welt etwas verändert, wenn wir wieder lernen, etwas achtsamer, bewusster und durchaus genussvoller mit Nahrung umzugehen. Nach meiner Erfahrung verändert diese Auseinandersetzung die Haushaltsführung: Ich achte eher auf die sinnvolle Menge, es verderben weniger Lebensmittel, und ich denke etwas mehr darüber nach, was ich gerade wirklich brauche. Desgleichen beeinflusst sie mein Einkaufs- und Ausgehverhalten. Ich schaue mehr auf die Herkunft, die Produktion und den Transport von Nahrungsmitteln und bevorzuge Lokale, die meine Haltung teilen. Und wenn die etwas teurer sind, gehe ich eben seltener essen (zumal Kochen ohnehin so schön ist).

»Slow Food« ist in diesem Zusammenhang eine sehr zu

begrüßende Bewegung, die sicher noch mehr Aufmerksamkeit verdient, schon weil man gegen die Abfütterungsstrategien all der fürchterlichen Fast-Food-Ketten gar nicht genug angehen kann. Hier verkommt Essen zur Schnellstopfung vernachlässigter Mägen mit nahezu untauglichen Produkten, ganz abgesehen von all den angebrachten ernährungsphysiologischen Bedenken. Körper und Geist quittieren dieses »Junkfood« mit erheblichen Energieverlusten, das Hirn rutscht quasi in den Magen und hilft dabei, den unbekömmlichen Klumpen zu entsorgen.

Zu diesem wenig erfreulichen Thema fiel mir ein schöner Artikel von Alex Rühle in die Hände (›Süddeutsche Zeitung‹ vom 4. 11. 2003) mit einigen interessanten Informationen und Daten. So lasse sich in Zeiten unbegrenzter Möglichkeiten sogar der Hunger expandieren (»pay one, take two!«), und der Mensch werde von der Food-Industrie nur als »endlos expandierendes Gefäß« gesehen: »Amerikanische Mädchen kaufen heute drei Nummern größere Kleider als ihre Mütter (die Kleider der Models sind im selben Zeitraum interessanterweise um drei Nummern geschrumpft).« Amerikanische Kinosessel seien heute um zwölf Zentimeter breiter als vor zwanzig Jahren, und es gäbe Prognosen, nach denen im Jahr 2050 *alle* Amerikaner fettleibig seien.

Bereits heute würden in Amerika jährlich 300 000 Menschen von ihrem eigenen Fett erdrückt und stürben mit Dreißig an Schlaganfällen oder anderen Folgeschäden ihrer falschen Ernährung.

Auch in Deutschland sei der Bauchumfang in den letzten zehn Jahren um drei Zentimeter gewachsen, und die Fehlernährung koste jährlich siebzig Milliarden Euro. Fettsucht sei jedoch mittlerweile eine weltweite Epidemie: »Und die Insel Ratatonga wird wohl im Meer versinken: 1966 war jeder siebte Mann auf der Pazifikinsel fettleibig; heute ist es jeder zweite. Und unter den Männern, die jünger sind als zweiunddreißig, sind alle fett. Ohne Ausnahme alle.« Vor diesem Hintergrund scheint mir gutes Essen geradezu politisches Engagement zu sein.

Zur Philosophie des guten Essens gehört ebenfalls die Frage, ob Produktion, Transport und Aufnahme von Nahrung der Umwelt und dem Menschen dienen oder schaden. Wir müssen keine Gesundheitsapostel werden, wenn wir gute Antworten auf diese Frage finden wollen. Und gute Antworten dienen unserer Gesundheit und helfen auch dem Bemühen um eine gerechtere Verteilung der Ressourcen in der Welt.

Ich selbst bin ein alter Freund des Einzelhandels, ohne daraus ein Dogma zu machen. Aber beim Gemüsehändler oder Metzger meines Vertrauens einzukaufen, macht mir einfach mehr Spaß, ich weiß dann, was mir in Topf und Pfanne kommt, und erspare mir unliebsame Überraschungen mit Waren aus den unüberschaubaren Labyrinthen einschlägiger Handelsketten.

Ich bin auch sehr dafür, wieder ein gewisses Gefühl dafür zu entwickeln, welche Nahrungsmittel in welcher Jahreszeit normalerweise auf den Markt kommen. In der Regel schmecken sie dann auch am besten. Ich kann im Dezember getrost auf Erdbeeren verzichten (es sei denn, sie schwimmen im selbst angesetzten Rumtopf!) und ich warte gerne auf den Mai, um mich dann an Spargel richtig satt zu essen. Werden wir nicht in jeder Jahreszeit mit einer ausreichend großen Produktpalette verwöhnt? Und was frisch geerntet auf den Markt kommt, ist auch preiswerter!

Jetzt ist schon mal das Wort »Verzicht« gefallen: Mit Verzicht meinen wir aber nicht das Gegenteil von Genuss, vielmehr markieren Genuss und Verzicht zwei Pole auf einer breiten Skala der Lust. Die Idee des Fastens, sicherlich aus religiösen Gründen sinnvoll und aus gesundheitlichen Gründen empfehlenswert, hat auch die gute Funktion eines Rituals. Und dieses Ritual bringt in den oft gleichförmig erlebten Lauf der Zeit einen Unterschied: Es ist gewissermaßen eine Interpunktion im Lebensfluss, eine selbstinitiierte Unterbrechung des Gewohnten, eine Pause, die andere Aspekte des Lebens in den Blickpunkt rückt und nicht zuletzt auf besondere Weise Autonomie und Unabhängigkeit vermittelt. So gesehen, haftet dem Fasten nicht der Beigeschmack der langweiligen Askese und Selbstkasteiung an – der Verzicht auf das Gewohnte kann durchaus lustvoll und belebend sein! Und hinterher werden Sie feststellen, dass es einfach ein wunderbares Gefühl ist, richtig Hunger zu haben, und was Sie sich dann zubereiten, schmeckt gleich noch mal besser.

Ich möchte noch einmal den Bogen zurück zur Idee der Selbstbeelterung schlagen. Unzweifelhaft hat Beeltern ja auch eine ganze Menge mit leiblicher Versorgung und somit auch mit gutem Essen zu tun. Und im Sinne guter Selbstbeelterung ist es hilfreich, wenn Sie sich einmal an die Leibspeisen Ihrer Kindheit erinnern.

Möglicherweise kamen auch Sie, wenn Sie als Kind krank waren, in den Genuss Ihres Lieblingsessens. Ich jedenfalls verbinde noch heute meine Kinderkrankheiten mit wunderbaren Gaumenfreuden. Bei Hühnerfrikassee etwa katapultieren mich meine Geschmacksrezeptoren in die alten Zeiten. Ich habe also früh verstanden, was die Psychologie mit sekundärem Krankheitsgewinn meint, und ehrlich gesagt, gab es immer wieder Schultage, an denen ich mir leichtes Fieber, eine verstopfte Nase und Husten geradezu herbeigewünscht habe, um mütterliche Fürsorge samt kulinarischer Beglückung gegen ungeliebte pädagogische Bemühungen meiner Lehrkräfte einzutauschen.

Wenn Sie ähnliche Erfahrungen gemacht haben, hier ein Vorschlag dazu: Wann immer Sie im Alltag mit kindlichen

Erinnerungen in Kontakt kommen, verstehen Sie diese als Einladung, sich wieder einmal ein gutes Gericht aus alten Tagen zu gönnen. Auch kindlichen Schmerzen ist mit einem alten Lieblingsgericht besser beizukommen, als sich noch mehr in die Arbeit zu stürzen oder sich mit »erwachsenen« Mitteln zu anästhesieren.

Der alte Chef der Klinik, in der ich zehn Jahre gearbeitet habe, hat einen großartigen Satz gesagt und immer wieder zum Besten gegeben: »Der Herd muss stimmen!« Ich halte diese Aussage für sehr weise, sie ist – wenn man so will – in aller Knappheit ein richtig guter sozialpsychologischer Wurf, der alle in diesem Buch behandelten Themen streift und verbindet: Wenn der Herd stimmt, sorge ich gut für mich, mein inneres Kind und meine Liebsten. Wenn der Herd stimmt, entsorge ich zur rechten Zeit nicht nur verdorbene Lebensmittel und fade gewordene Gewürze aus der Küche, sondern auch nicht mehr passende Glaubenssätze aus meinem Kopf. Ich muss heute nicht immer alles aufessen – im Gegensatz zu der in den Nachkriegsjahren durchaus nachvollziehbaren Devise.

Beinahe jeder Mensch hat mindestens einmal erlebt, wie gut sich ein gedeckter Tisch und gemeinsames Tafeln auf die Stimmung und die Beziehungen auswirken. Ich denke da etwa an eine gruppendynamisch sehr bewegte Jugendgruppenreise, in deren Verlauf wirklich kein Streit ausgelassen wurde und fast täglich die Fetzen flogen. Aber immer wenn alle am Tisch saßen und leckeres Essen aufgetragen wurde, legte sich wie von Zauberhand ein Hauch von Frieden, Einvernehmen und guter Stimmung über die Gruppe. Der Zoff am nächsten Morgen war dann gar nicht mehr so schlimm, weil abends wieder irgendwo ein gedeckter Tisch stand.

Wenn der Herd stimmt, bekommen Kochen, Essen und

Trinken einen eigenen, gebührenden Platz im Alltag, der sich wirklich von Arbeit, Beruf und allen anderen Tätigkeiten abhebt. Der Alltag wird damit entschleunigt, ich tue meinem Körper und meiner Gesundheit etwas Gutes, selbst wenn ich mal etwas mehr nehme als rein kalorisch notwendig.

Der Herd lässt sich symbolisch wie ein Lebensmittelpunkt verstehen, um den sich alle anderen Themen des Lebens gruppieren. Auf dem und um den Herd inszeniert sich auf ganz eigene Weise die Qualität unseres Daseins und umgekehrt wirkt das, was wir da köcheln wiederum auf unsere Lebensqualität.

Wenn – umgekehrt – der Herd nicht stimmt, drückt sich damit ein persönliches Drama aus, dessen Verlauf nicht erfreulicher wird, wenn der Herd weiterhin vernachlässigt wird. So gesehen, ist etwa alles, was mit Sucht zu tun hat, die Konsequenz eines Herdes, der nicht stimmt. Sucht ist immer Ausdruck mangelnder Versorgung, und Suchtmittel sind immer Versuche, persönlich empfundenen Mangel zu kompensieren.

Süchtiges Verhalten ist das Gegenteil von Selbstsorge. Unerfüllte Sehnsucht und erfolgslose Suche münden in mehr oder weniger gefährliche Projekte, sein Glück im Essen, im Trinken oder im Konsum aller möglichen anderen Drogen zu finden. Abgesehen von ihrer selbstschädigenden Wirkung sind solche Projekte leider nie erfolgreich.

Um sie abzuschließen, brauchen Süchtige erst mal wieder einen klaren Kopf. Dann müssen sie sich darüber klar werden, an welchen Stellen ihres Lebens sie ihre Sehnsucht aufgegeben haben, was eigentlich das Objekt ihrer Sehnsucht war und immer noch ist. In aller Regel geht es dabei um Beziehung, die Beziehung zu sich selbst und die Beziehung zu anderen (sehr oft den eigenen Eltern).

Weil Sucht die Tendenz hat, sich zu verselbstständigen, und je nach Suchtmittel körperliche und psychische Abhängigkeit mit sich bringt, werden Süchtige in vielen Fällen auch professionelle Hilfe brauchen, um wieder an die Regierung über ihr eigenes Lebens zu gelangen. Wieder an die Selbstregierung zu kommen heißt, wieder die Verantwortung für sich selbst zu übernehmen, sie nicht länger anderen zu überlassen.

Zur Kunst der Selbstregierung gehört in hohem Maß die Lebenslust, und diese wächst mit gutem Essen und Trinken, dem wir uns jetzt konkret zuwenden wollen.

Was brauchen Sie, um gut zu essen? Sie brauchen – das ist ja klar – einen Herd, und wenn Sie einen mit Backofen haben, ist es noch besser.

Dann brauchen Sie ein kleines und ein größeres Messer (gönnen Sie sich gute!), ein Brett zum Schneiden, eine Pfanne, zwei bis drei Töpfe verschiedener Größe, und einen Kochlöffel. Hilfreich sind noch: ein elektrisches Handrührgerät, eine Reibe (für Käse), eine Pfeffermühle, ein Mörser (zum Zerkleinern von Gewürzen), ein Kartoffelschäler und eine Auflaufform.

Wenn Sie gerade erst anfangen, sich mit Kochen zu beschäftigen, rate ich Ihnen sehr, sich ein gutes Grundkochbuch zuzulegen. Lassen Sie sich bei der Auswahl beraten, denn es gibt gerade für Anfänger nichts Frustrierenderes als Rezepte, die nicht funktionieren, obwohl man sich Schritt für Schritt daran gehalten hat. Gute Grundkochbücher geben Ihnen auch einen Überblick über weitere sinnvolle Gerätschaften, aber man kann auch mit bescheidenen Mitteln Leckeres zuwege bringen. Man nehme sich in Acht vor den vielen Verlockungen der in Mode gekommenen Küchenstudios und -geschäfte: Sie haben eine Unzahl (zugegeben) richtig schöner Utensilien, die in der Regel leider richtig viel Geld kosten. Auch ich selbst muss mich hier immer um das rechte Maß bemühen: Kochbücher und Küchengerätschaften sind einfach meine große Leidenschaft.

Schließlich sind guten Standardwerken wichtige Informationen zu entnehmen, was Sie bei häufigerer Tätigkeit in der Küche vorratsmäßig zu Hause haben sollten (Gewürze, Teigwaren, Reis, Saucen etc.)

Was ich Ihnen gerne mit auf den Weg gebe, sind einige Maße, die Sie anstehenden Einkäufen zugrunde legen können. Natürlich können Sie diese Maße variieren, je nachdem, ob Sie von achtstündiger Feldarbeit nach Hause kommen oder gerade Ihren Weihnachtsspeck reduzieren wollen. Grundsätzlich rechnet man pro Person bei

Suppe als Vorgericht	1/8 bis 3/16 Liter
Suppe als Hauptgericht	1/4 bis 3/8 Liter
Fleisch mit Knochen	180 bis 250 Gramm
Fleisch ohne Knochen	120 bis 180 Gramm
Fisch mit Gräten	250 Gramm
Fisch ohne Gräten	200 Gramm
Geflügel mit Knochen	250 Gramm
Geflügel ohne Knochen	150 bis 200 Gramm
Gemüse als Beilage	150 bis 200 Gramm (je nach Gemüse und Abfallmenge)
Gemüse als Hauptgericht	250 bis 400 Gramm
Kartoffeln als Beilage	150 Gramm
Kartoffel als Hauptgericht	300 Gramm
Nudeln als Beilage	70 Gramm
Nudeln als Hauptgericht	120 Gramm
Reis als Beilage	50 Gramm
Reis als Hauptgericht	80 Gramm
Käse als Dessert	50 bis 70 Gramm
Obst als Dessert	100 bis 150 Gramm

Ich persönlich koche gerne ein bisschen mehr, weil ich viel Spaß an Resteverwertung und ihren fantasievollen Kreationen habe. Außerdem gilt für viele Gerichte (zum Beispiel Eintöpfe) auch heute noch der schöne Spruch von Wilhelm Busch: »Wovon er dann besonders schwärmt, wenn es wieder aufgewärmt!«

Ihr nächster Schritt ist jetzt die schöne Suche nach einem Gericht, das Sie gerne kochen möchten – ich kann mich stundenlang damit beschäftigen und nehme ein neues Kochbuch schon mal mit ins Bett. Nehmen Sie sich die Zeit, die Ihnen angenehm ist. Nur bitte nicht hudeln, denn jede Hektik tut auch bei der Essensvorbereitung nicht gut. Machen Sie sich gemütlich eine Einkaufsliste, beachten Sie die Anzahl Ihrer Gäste und dividieren bzw. multiplizieren Sie entsprechend die im Rezept angegebenen Zutaten.

Und dann ziehen Sie los und kaufen ein. Ich gehe ja am liebsten auf den Markt, weil ich Märkte wunderbar finde. Auch in neu bereisten Städten ist der Markt in der Regel mein erstes Ziel. Jedenfalls empfehle ich einen gemütlichen Einkauf (wenn es denn geht), und wenn Sie in Ihrer Umgebung noch nicht so gut orientiert sind, nehmen Sie sich mal einen Samstag Vormittag, um Ihr Marktterrain zu erkunden.

Wenn Sie alles beisammen haben, gönnen Sie sich noch einen Kaffee oder machen Sie es wie die Münchner, die sich nach erledigten Besorgungen gerne zu einem Frühschoppen mit ihren Freunden treffen – auch ein schönes Ritual.

Und dann kommen Sie nach Hause, packen alles aus, und es kann losgehen.

Weil ich nicht weiß, was Sie sich jetzt vorgenommen haben, verrate ich Ihnen abschließend einige Geheimnisse aus meiner Küche, die ich Ihnen vorbehaltlos weiterempfehlen kann.

Angenommen, Sie sind allein, haben nicht sehr viel Zeit und/oder auch keine Lust, groß zu kochen. Machen Sie sich doch ein gutes Rührei. Ich nehme dafür drei Eier, verquirle sie mit einem Schluck Mineralwasser (macht sie schön locker), Salz, Zitronenpfeffer und Paprika. Dann schneide ich geräucherten Speck (etwa 50 g) in feine Würfel und finde im Kühlschrank noch eine übrig gebliebene Paprikaschote. Die entkerne ich, entferne alle weißen Häute und schneide auch sie in kleine Würfel. Sodann lasse ich ungefähr 10 g Butter und einen Spritzer Olivenöl in der Pfanne heiß werden und gebe Speck- und Paprikawürfel dazu. Beides lasse ich etwa fünf Minuten bei mittlerer Hitze anschwitzen und mische es ab und zu mit einem Kochlöffel durch. Dann gebe ich die Eiermasse dazu, reduziere die Hitze und lasse – wieder unter gelegentlichem Wenden mit dem Kochlöffel – das Ganze schön stocken. Zwischenzeitlich toaste ich mir eine schöne Scheibe Schwarzbrot, gebe das fertige Rührei auf einen Frühstücksteller und lasse es mir schmecken.

Rührei und Omelettes sind hervorragend für immer neue Experimente geeignet: Eier vertragen sich mit vielen Beigaben wie Käse, Schinken, Pilzen, verschiedensten Gemüsen, Zwiebeln, Wurst, geräuchertem Fisch wie Lachs und so fort. Probieren Sie einfach nach Lust und Laune aus. Und wenn Sie Anfänger sind, kommen Sie mit Eierspeisen schnell zu schmackhaften Ergebnissen.

Nächstes Szenario: Sie wollen Ihre Liebste/Ihren Liebsten mit einem Überraschungsmenü verzaubern, sich dafür zwar Zeit nehmen, aber auch nicht zwei Tage in der Küche stehen. Also gut: Ein erster Gruß aus der Küche sind immer Bruschette, also getoastete Weißbrotscheiben, mit einer Knoblauchzehe eingerieben, belegt mit klein geschnittenen, frischen Tomaten und einem Blatt Basilikum obendrauf (Sie können die geschnittenen Tomaten auch noch mit einem Schuss gutem Olivenöl verfeinern). Dazu ein Glas Prosecco oder auch Champagner, wenn es ganz feierlich werden soll.

Dann machen Sie einen schönen Salat, garniert mit frisch gebratenen Champignons. Sie brauchen dazu 80 g Feldsalat (Winter), 100 g Champignons, 1 EL Butter, 1 Schalotte, 2 TL Balsamicoessig, 2 EL Olivenöl, 2 EL frisch gepressten Orangensaft, Salz, Pfeffer.

Zubereitung: Feldsalat waschen, trockenschleudern und auf Desserttellern anrichten. Champignons mit einem Pinsel reinigen und in Scheiben schneiden. Butter in einer kleinen Pfanne zerlassen, Champignons dazugeben und unter gelegentlichem Rühren anbräunen. Für das Dressing die Schalotte in sehr kleine Würfel schneiden und in ein leeres Marmeladeglas mit Deckel geben. Balsamico, Olivenöl, Orangensaft, Salz und Pfeffer dazugeben, Glas verschließen und gut durchschütteln, anschließend über den Salat geben. Gebratene Pilze darüber verteilen und auftragen, ein wenig Weißbrot als Beilage. Dazu passen Prosecco und Champagner, ansonsten reichen Sie einen leichten Weißwein.

Jetzt können Sie eine Suppe auftragen, ein gutes Grundrezept folgt weiter unten. Wenn es nicht ganz so üppig werden soll, käme jetzt das Hauptgericht: heute ein feiner Rinderschmorbraten mit Gemüse und Nudeln. Sie brauchen: ein schönes Bratenstück vom Rind (Lende oder Hüfte), etwa 500 g (schmeckt auch am nächsten Tag noch richtig gut), eine Flasche roten Landwein Ihres Geschmacks (Kenner nehmen den, den sie dann auch trinken), 2 Zwiebeln, 2 Karotten, 50 g Ingwer, 150 g Knollensellerie, 4 Wacholderbeeren, 2 Nelken, 2 Lorbeerblätter, 2 Pimentkörner, schwarzen Pfeffer, Salz, 4 EL Olivenöl, 200 g. Nudeln Ihrer Wahl.

Zubereitung: Fleisch unter fließendem Wasser reinigen,

von Sehnen und unerwünschtem Fett befreien, trockentupfen und in eine Schüssel legen. Zwiebeln schälen und in Achtel schneiden. Karotten schälen und in schräge Abschnitte zerteilen, die in der Größe den Zwiebelachteln entsprechen sollten. Sellerie schälen und in ähnlich große Stücke schneiden. Den Ingwer schälen und in ganz feine Würfel schneiden. Alle groben Gewürze in einem Mörser fein mahlen (oder auch mit dem Messerrücken zerdrücken), mit Pfeffer und Salz mischen. Gemüse und Gewürze zum Fleisch in die Schüssel geben, das Ganze mit dem Rotwein übergießen und zugedeckt über Nacht stehen lassen.

Olivenöl in einem genügend großen Topf erhitzen, Fleisch inzwischen der Marinade entnehmen und trocknen, wenn das Fett heiß ist, in den Topf geben und von allen Seiten scharf anbraten. Inzwischen Marinade durch ein Sieb passieren, Flüssigkeit auffangen. Nach dem Anbraten mit ca. 1/4 l Marinade löschen, Hitze reduzieren und Fleisch mit geschlossenem Deckel eine Stunde schmoren lassen, gegebenenfalls zwischendurch Flüssigkeit (Marinade) dazugeben. Gemüse und Gewürzreste (aus dem Sieb) nun dazugeben und alles eine weitere Stunde schmoren lassen, dabei die restliche Marinade verwenden.

Inzwischen Wasser für die Nudeln aufsetzen, Nudeln ins kochende, leicht gesalzene Wasser geben und al dente kochen. Damit die Nudeln nicht zusammenkleben, ist es ratsam, sie in einem Sieb zu verwahren, das Nudelwasser aufzuheben und die Nudeln vor dem Anrichten noch einmal ins Wasser zu geben, gut durchzumischen und erst dann abzugießen.

Braten aus dem Topf nehmen, auf eine Platte legen und (mit Alufolie) zugedeckt ruhen lassen. Sauce abschmecken; wenn Sie möchten, können Sie das Ganze auch mit einem

Pürierstab pürieren und nach Wunsch mit Sahne, Schmand oder Sauerrahm verfeinern

Den Braten anschneiden, je zwei Scheiben auf Speisetellern anrichten, Sauce darübergießen und Nudeln dazugeben. Guten Appetit! Und wie gesagt, am besten passt jetzt der Rotwein, den Sie auch für den Braten verwendet haben.

Da ich kein Spezialist für Desserts bin, empfehle ich auch für dieses Menü: Reichen Sie anschließend ein kleines, aber feines Stück Käse, garniert mit Birnenspalten und/oder Weintrauben. Damit liegen Sie nie verkehrt!

Und hier das versprochene Grundrezept für eine gute Suppe. Sie brauchen für fünf Liter: ein schönes Stück Suppenfleisch und (nach Vorbestellung beim Metzger Ihres Vertrauens) 2 kg Rinderknochen, 7 Liter Wasser, 25 g Salz, 2 Zwiebeln, 1 Stange Lauch, 3 Karotten, 100 g Knollensellerie, 1 Bund Petersilie, 5 Lorbeerblätter, 5 ganze Nelken, 10 weiße Pfefferkörner, 5 Pimentkörner.

Zubereitung: Rinderknochen blanchieren, erst heiß, dann kalt abspülen, Fleisch kalt abwaschen. Zwiebeln halbieren (mit Schale) und Schnittflächen in einer beschichteten Pfanne ohne Fett kurz anrösten. Lauch, Karotten und Sellerie putzen und in grobe Stücke schneiden, Petersilienbund waschen und ganz lassen (den Gummi gegebenenfalls durch Küchengarn ersetzen).

Knochen und Fleisch im kalten Wasser aufsetzen und zum Siedepunkt bringen, Salz zugeben und öfter abschäumen. Etwa zwei bis drei Stunden sieden lassen, während der letzten Stunde Gemüse und Gewürze dazugeben.

Abschließend die Suppe durch ein Sieb passieren, das Fleisch in Würfel schneiden und nach Belieben (zum Beispiel als Suppeneinlage) verwenden. Brühe stehen lassen und nach dem Erkalten nach Belieben entfetten (bitte nicht alles Fett entfernen, weil in ihm sehr viel Geschmack steckt, auf den Sie vermutlich nicht ganz verzichten wollen).

Jetzt haben Sie eine hervorragende Grundlage für die Zubereitung vieler Suppenvariationen, aber auch diese Suppe ist eine gute Stärkung, mit den Fleischwürfeln als Einlage, ergänzt mit etwas geriebenem Meerrettich und einer Scheibe frischem Brot.

Nun will ich Ihnen noch meinen Freund Florian vorstellen. Kennen gelernt habe ich ihn buchstäblich am Herd, als wir uns vor die Aufgabe gestellt sahen, uns selbst und vier weitere hungrige Skifahrer zwei Wochen lang reichhaltig zu ernähren. Ich kann Ihnen sagen: Freundschaften, die den Herd nicht nur überstehen, sondern sogar am Herd entstanden sind, haben etwas sehr Spezielles und sind von lebenslanger Dauer. Jedenfalls haben wir uns auch kulinarisch gefunden und mittlerweile die Hochzeit meines geschätzten Coautors (immerhin 120 Personen) gastronomisch erfolgreich bestritten. Dieser schönen Freundschaft entspringt der asiatische Eintopf, den ich Ihnen zum Abschluss kredenzen möchte, gewissermaßen als Rezeptvorschlag für einen langen und schönen Abend unter Freunden.

Sie brauchen für sechs Personen: 500 g Hühnerbrustfilet, 60 g frische Ingwerwurzel, je 1 gelbe und 1 rote Paprikaschote, 1 mittlere Zucchini, 1 Aubergine, 1 Bund grüner Spargel, 2 Karotten, 150 g Stangensellerie, 2 Zwiebeln, 5 Knoblauchzehen, 3 rote Chilischoten 6 EL Pflanzenöl, 4 EL Fischsauce, 6 EL Sojasauce, Salz, frisch gemahlener weißer Pfeffer, 500 ml Kokosmilch, 400 ml Geflügelfond.

Zubereitung: Hühnerbrustfilet in mundgerechte Streifen schneiden, Ingwer schälen und fein würfeln und mit dem Hühnerfleisch vermischen. Sojasauce, Fischsauce und zwei fein gehackte Chilischoten dazugeben, verrühren, salzen und pfeffern und für drei Stunden kühl stellen.

Zwiebeln, Knoblauchzehen und restliche Chilischote fein würfeln, geschälte Karotten, Stangensellerie, Paprika, Zucchini und Aubergine in Würfel schneiden, Spargel (wenn nötig) putzen und in zwei Zentimeter lange Stücke schneiden.

2 EL Öl im Wok oder in einer tiefen Pfanne erhitzen, Zwiebeln darin leicht anschwitzen lassen. Karotten, Spargel und Stangensellerie dazugeben und drei Minuten unter gelegentlichem Umrühren anbraten, anschließend alles in eine Schüssel geben.

2 EL Öl im Wok erhitzen, Paprika, Zucchini und Aubergine drei Minuten anbraten, ab und zu umrühren, anschließend Wokinhalt in eine weitere Schüssel geben.

2 EL Öl im Wok erhitzen und die marinierten Hühnerstücke zugeben, alles unter gelegentlichem Rühren fünf Minuten anbraten. Das Gemüse aus beiden Schüsseln zugeben und weitere vier Minuten ziehen lassen. Chilischote und Knoblauch zugeben. Die Hälfte des Geflügelfonds zugeben, umrühren und das Gericht etwa 15 Minuten bei schwacher Hitze und mit geschlossenem Deckel ziehen lassen. Wenn die Flüssigkeit zu knapp wird, mit restlichem Geflügelfond auffüllen. Nach 15 Minuten Kokosmilch dazugeben, gut verrühren und drei Minuten ziehen lassen, mit Salz und Pfeffer abschmecken und servieren. Am besten passt dazu Basmatireis (drei bis vier Tassen für sechs Personen).

Betrachten Sie dieses Rezept – und auch jedes andere – nicht wie einen Gesetzestext, sondern eher als Anregung, die Sie beliebig und mit Ihrer ganzen Kreativität durch weitere Zutaten und Gewürze verändern, ergänzen, verfeinern können. Dafür wünsche ich Ihnen gutes Gelingen.

Nehmen wir an, Sie sind jetzt gut gesättigt, haben noch ein Gläschen Rotwein vor sich und freuen sich über ein richtig gut gelungenes Essen. Das wäre dann ein günstiger Zustand, um die Lektüre unserer Ausführungen zu beenden. In diesem Sinne: auf Ihr Wohl!

Teil III
Die Kunst der Selbstregierung

Bevor wir zum Schluss kommen, möchten wir dem Leser eine Liste möglicher Lebensstile, die beliebig miteinander kombinierbar sind, vorstellen. Dabei orientieren wir uns wieder an dem Philosophen Wilhelm Schmid. Möglicherweise verfügen Sie schon meisterhaft über den einen oder anderen Stil und finden sich in den Beschreibungen wieder. Diese Liste ist selbstverständlich erweiterbar und erhebt keinerlei Anspruch auf Vollständigkeit.

Fragen des Lebensstils beziehen sich auf die äußere Gestalt der Selbstführung. Die Lebensform dagegen ist die konkrete Ausgestaltung der eigenen Identität. In Lebensformen kann man wohnen, in Lebensstilen hält man sich nicht lange auf. Wenngleich die Lebensformen durch ihre existenzielle Festigkeit überzeugen und Halt vermitteln können, so verfügen die Lebensstile zumindest als Halt gebende Prothesen über kurzfristige Identitätssicherungen in einer fluiden und fluktuierenden Gesellschaft. Und sie sprechen durch ihre geschmeidige Beweglichkeit schneller auf die Ausgestaltung an.

Weisen der Existenz oder Lebensstilcocktail

Die exzessive Existenz – Die Verausgabung ist Selbstzweck.
Die eruptive Existenz – Affekte und Leidenschaften brechen zeitweilig auf.
Die epikureische Existenz – Die deliziöse Lust findet sich im Unscheinbarsten.

Die erotische Existenz – Die Fülle der Sinnlichkeit zählt.

Die hedonistische Existenz – Das Lustprinzip steht über allem.

Die kathartische Existenz – Befreiung von Leidenschaften durch ihren ungehinderten Ausdruck.

Die arithmetische Existenz – Leben ist Berechnung, Kalkül und Bilanzierung.

Die ludische Existenz – Das Leben ist ein Spiel.

Die spontane Existenz – Auf alles setzen, was sich von selbst ergibt.

Die kontingente Existenz – Das Leben wird durch den Zufall des Würfelwurfs bestimmt.

Die essayistische Existenz – Das Leben ist ein Versuch mit experimentellen Erfahrungen.

Die erratische Existenz – Nomadisch umherirrend, aus ihren Irrtümern den Faden des Lebens knüpfen.

Die fragmentarische Existenz – Einheit und Abgeschlossenheit bilden keinen Wert.

Die theatralische Existenz – Die Welt ist eine Bühne, das Leben das Stück, das Selbst der Darsteller.

Die normale Existenz – Alle Anstrengung darauf, in keiner Weise hervorzutreten.

Die banale Existenz – Die unwichtigen Dinge sind vorsätzlich wichtig, um sich daran festzuhalten.

Die konventionelle Existenz – Einfügung in die bestehenden Formen des Gewöhnlichen.

Die quietistische Existenz – Oberstes Gebot ist Ruhe und Stillstand.

Die stoische Existenz – Die Einheit von Schwierigkeit und Gleichmut.

Die chaotische Existenz – Die nachhaltig betriebene Nichtformung des Lebens zur Lebensform gemacht.

Die katastrophische Existenz – Das Scheitern ist die einzige Verlässlichkeit.

Die isychiastische Existenz – Leben ist Schweigen und Stille.

Die akedische Existenz – Trägheit, Nachlässigkeit und Sorglosigkeit sind die Elemente des guten Lebens.

Die fatalistische Existenz – Das Schicksal suchen und hinnehmen.

Die passive Existenz – Das eigene Leben ist Gegenstand von Handlungen anderer, die man erduldet und erleidet.

Die aktivistische Existenz – Nichts belassen, wie es ist, unentwegt agieren.

Die religiöse Existenz – Es gibt eine göttliche Instanz, die dem Leben Sinn verleiht.

Die instantane Existenz – Leben für den Augenblick.

Die attentistische Existenz – Warten auf bessere Gelegenheiten, warten auf das Leben.

Die opportunistische Existenz – Den herrschenden Verhältnissen dienen.

Die zynische Existenz – Nichts hat irgendwelche Bedeutung.

Die moralische Existenz – Das Leben ist die Erfüllung von Pflichten.

Die humanistische Existenz – Eine praktische Lebensaufgabe ist die Verteidigung der Würde.

Die altruistische Existenz – Leben ist Hingabe an andere.

Die auxiliatorische Existenz – Hilfe für andere ist Lebenszweck.

Die solipsistische Existenz – Das Selbst ist nur auf sich bezogen.

Die monastische Existenz – Das Selbst schließt sich hinter dicken Mauern ein.

Die asketische Existenz – Arbeiten, sich enthaltsam auf eine Sache konzentrieren.

Die moderate Existenz – Auf das richtige Maß bedacht sein.

Die harmonische Existenz – In sich ruhend, ohne Streit, alles ausgleichend.

Die parrhesiastische Existenz – Wahrheit und Freimütigkeit stehen über allem.
Die kynische Existenz – Schamlos offen, abseits der Konvention.
Die privative Existenz – Sich von jedweder Öffentlichkeit abwenden.
Die solitäre Existenz – Rückzug in die gewählte affirmative Einsamkeit.
Die klandestine Existenz – Das Leben im Verborgenen führen.
Die amikale Existenz – Leben im eng geknüpften Netz von Freunden.
Die soziale Existenz – Gesellschaftliche Verantwortung wahrnehmen und die Geselligkeit lieben.
Die exzentrische Existenz – Gewollte Normabweichung vom bürgerlichen Leben.
Die delirante Existenz – Die Auflösung des Selbst im Rausch.
Die delinquente Existenz – Die Übertretung der Norm ist die Regel.
Die miserable Existenz – Ein elendes Leben auf der Basis des bloßen Existierens.
Die obsessive Existenz – Sich leiten lassen von einer Leidenschaft oder einer fixen Idee.
Die Challenger Existenz – Unentwegte Suche nach neuen Herausforderungen.
Die zappende Existenz – Von allem das Beste in aller Kürze mitnehmen.

Wir sind nun am Ende unserer kleinen Reise durch »das rechte Maß« angekommen. Wir haben die Maßlosigkeiten dieser Welt angeprangert und den Wert einer maßvollen Mitte gewürdigt. Wir sind in die Vergangenheit unseres Lebens gereist und haben nach dem gesucht, was wir Gutes bekommen haben. Wir haben entsorgt und aufgeräumt, Ordnung in die innere Verfassung unserer Seele und in die Welt der Dinge gebracht. Wir navigierten im turbulenten Strom zwischenmenschlicher Beziehungen und konstatierten, dass sie, sollen sie gelingen und erfüllt sein, immer auch Arbeit bedeuten. Doch sie hilft uns, aus dem Strudel der Verwicklungen und Verirrungen herauszufinden und die Verantwortung dafür zu übernehmen, dass etwas Fruchtbares in einer Beziehung entstehen kann.

Ausgehend von der radikalen Veränderung unserer Arbeitswelt taten wir einen Blick in die Zukunft immaterieller Wertorientierungen. Mit kritischen und wohlwollenden Augen beschrieben wir die Vielfältigkeit von Lebensentwürfen, die Möglichkeiten ihres Scheiterns und Gelingens. Dem wachsenden Interesse an Gesundheitsfragen folgend, erinnerten wir daran, dass unsere Zeit auf dieser Erde begrenzt ist und dass es sich gerade deshalb lohnt, etwas für die eigene Lebensqualität zu tun. Ein Exkurs in die Welt des kulinarischen Genusses bescherte einen Einblick in die Welt des »guten Herdes«, der nicht nur gesunde Kost hervorbringt, sondern der auch Mittelpunkt sein kann für soziale Nahrung.

Allen Exkursen und Ausflügen ist jedoch eine Erkenntnis gemeinsam: dass das »gute Leben«, das Leben im rechten Maß einer dauernden Anstrengung bedarf.

Diese Anstrengung kann durchaus vergnüglich sein, und die Aussicht auf eine erfolgreiche Wendung, auf den Sieg über den inneren Schweinehund, auf ein gesünderes und erfüllteres Leben lässt die Anstrengung lohnend erscheinen. Ein maßvolles Leben muss nicht zwangsläufig langweilig und leidenschaftslos sein, ganz im Gegenteil. Sich Ziele setzen, sich für ihr Erreichen engagieren, auch einmal bis an die eigene Grenze gehen, das Limit der eigenen Belastbarkeit ausloten, sich für eine gute Sache quälen, die

Schmerzen der Niederlagen aushalten und überwinden lernen, den Wert des Scheiterns würdigen – all dies sind reizvolle Vorhaben, an deren Ende Triumph und Erfolg stehen werden. Das ist allemal besser, als dumpf klagend die Errettung aus der eigenen Unzufriedenheit weiterhin an die Lebenspartner, Arbeitskollegen, Vorgesetzten oder an die sozialen Unterstützungssysteme zu delegieren.

Das wichtigste Instrument hierfür sehen wir in der Fähigkeit, sich selbst zu führen, seinem Leben Sinn und Richtung zu geben. Selbstführung und Selbstregierung setzen voraus, dass wir damit beginnen, unsere Identität gestaltend zu modellieren, dass wir aus dem, was aus uns gemacht wurde, selbst etwas machen. Dies ist sowohl eine Chance als auch eine Gefahr, weil sich die Selbst- und Mitbestimmungsbedürfnisse für Profitinteressen leicht manipulieren lassen.

Selbstbestimmung und Autonomie wurden in den politischen Kämpfen der sechziger und siebziger Jahre gegen autoritäre Strukturen eingeklagt, heute sind die Menschen angehalten, sich selbst wie eine Firma zu führen, das heißt in ihrem beruflichen wie privaten Leben Risiken zu managen, Investitionsentscheidungen zu fällen, Profite zu maximieren, Kosten zu senken. »Ich-AG« ist ein Unwort, das ausdrücken soll, dass das Individuum die eigene Existenz an betriebswirtschaftlichen Effizienzkriterien auszurichten und als Unternehmer seiner selbst sich eigenverantwortlich den Marktzwängen zu stellen habe, um seine gesamte Existenz an der Maximierung des Lebenswertes bzw. der Lebensqualität zu orientieren. Damit werden Begriffe wie »Selbstermächtigung«, »Selbstführung« und ähnliche zu neuen Regierungs- und Steuerungstechniken, die die Handlungen der Menschen nicht mehr durch Strafe und Überwachung regulieren, sondern durch die Forderung, ein selbstgestaltetes und selbstverantwortetes Leben zu führen.

Statt Strafe Therapie, statt Kündigungsdrohung Mitarbeitergespräch, statt Eskalation Mediation und Konfliktmanagement, statt Disziplinierung Selbststeuerung.

Die moderne Wissensgesellschaft erzeugt damit neue Mechanismen der sozialen Kontrolle, die in Formen der Selbstdisziplinierung und Selbstformung realisiert werden. Die Zunahme an Persönlichkeits-Coachings und -Trainings zeigt einen hohen Bedarf an Techniken der Selbstformung, weil diese im neoliberalen Überlebenskampf einen wesentlichen Wettbewerbsvorteil darstellen. Und alles ist scheinbar trainierbar: Höflichkeit, Auftreten und Außenwirkung in Kleidung, Stimme und Aussehen, Selbstmarketing u. a.

Wenn wir von »Selbstregierung« sprechen, müssen wir diesen gesellschaftskritischen Aspekt immer mitbedenken, weil nicht jeder Mensch über die Fähigkeiten und Möglichkeiten einer souveränen Lebensführung verfügt. Wenn nur diejenigen am gesellschaftlichen Leben und an den kollektiven Entscheidungsprozeduren teilhaben können, die genügend Empowerment und Self-esteem besitzen, werden jene ausgegrenzt, deren Selbstbestimmungsfähigkeiten begrenzt sind. Diese werden allenfalls mit Partizipationsprothesen versorgt, wie wir sie in Fernsehsendungen in Form von telefonischen Abstimmungen vorfinden.

Da werden gerontopsychiatrische Patienten oder gar kranke und behinderte Kinder als »Kunden« bezeichnet, deren Selbstverfügbarkeit über ihre finanziellen, intellektuellen und emotionalen Belange in keiner Weise gegeben ist. Patienten kaufen eben keine Dienstleistung, sondern sie haben einen gesetzlich definierten Anspruch, den sie oder ihre Vertreter geltend machen. Dies macht einen erheblichen Unterschied. Als Kunde verfüge ich über die Mittel, mir Dienstleistungen und Waren einzukaufen. Ich bin in der Lage, meine Bedürfnisse zu artikulieren und für deren Befriedigung zu bezahlen.

In einer Schule geht es eben nicht darum, Bedürfnisse von Schülern und Eltern zu befriedigen, sondern allenfalls um eine staatlich regulierte Form der Wissensvermittlung. Der Kundenbegriff entbehrt in diesem Zusammenhang der wichtigen Elemente Freiwilligkeit und Selbstbestimmung. Der Schüler ist nicht der Souverän seiner »Kaufhandlungen«, sondern die Regierung. Staatliche Bildungseinrichtungen sind demzufolge auch keine Wirtschaftsunternehmen, die auf einem »Bildungsmarktplatz« um Kunden konkurrieren, sondern allenfalls »wirtschaftende« Institutionen, die ihre vorhandenen Ressourcen gemäß gesetzlicher Vorgaben einzusetzen haben. Sie können den Einsatz ihrer Ressourcen nicht nach der Maßgabe der Profitmaximierung organisieren oder ihre Bildungsdienstleistungen beliebig ausgestalten.

Dies kennzeichnet ein zentrales Problem des so genannten »Sozialstaates«, der sich einerseits als Versorgungs- und Vorsorgeagentur versteht, andererseits den Individuen zunehmend Selbstverantwortung abverlangt. Die aktuellen gesellschaftlichen Krisen markieren somit genau diesen Übergang von der öffentlichen zur privaten Sicherheit, vom gesellschaftlichen zum individuellen Risikomanagement, von der Staatsversorgung zur Selbstsorge. Offenbar braucht der moderne Staat mehr denn je verantwortungsbewusste Subjekte, sozusagen »unternehmerische Selbste«, die die individuellen wie die gesellschaftlichen Kosten und Nutzen ihrer Handlungen abwägen und moralisch verantworten können.

So schreibt Stephan Lessenich in der Zeitschrift ›Mittelweg‹ (4/2003, S. 87): »Eigenverantwortung, private Vorsorge, selbsttätige Prävention – sämtliche Variationen der Optimierung der eigenen Sicherheit sind im Rahmen dieser Programmatik zugleich Zeichen persönlicher Autonomie und Ausweis sozialer Verantwortlichkeit. (Sie) gehorchen gleichermaßen einer individuellen wie einer gesellschaftlichen Rationalität, Geboten der Klugheit und der Moralität.« Die unterlassene Hilfeleistung der Menschen gegenüber sich selbst wäre umgekehrt ein unmoralischer Akt. Fehlende Eigenverantwortung steht dann nicht nur für die Unfähigkeit des Einzelnen, von seiner Freiheit rationalen Gebrauch zu machen, sondern auch für die Weigerung, gesellschaftlichen Bedürfnissen gerecht zu werden. Wer nichts tut, um seinen krank machenden und andere terrorisierenden Lebensstil »selbstsorgerisch« zu verändern, bedarf offenbar der Fremdführung. Wer sich selbst schädigt, schädigt auch das Gemeinwesen, wer für sich selbst sorgt, sorgt auch für andere.

Der Umbau der überkommenen wohlfahrtspolitischen Sicherungsinstitutionen zu Ermöglichungsagenturen gelebter Eigenverantwortung (siehe die Diskussion um die »autonome Schule«) ist bereits in vollem Gange. Damit ist der Makro-Trend des globalisierten Kapitalismus markiert: der sich selbst regierende Mensch, der sich von der »Vollkasko-Mentalität« verabschiedet hat und jetzt beginnt, sein Leben selbst in den Griff zu bekommen. Als »Ich-AG« ist er in der Lage, seine Arbeitskraft selbst gesteuert maximal zu verwerten und gleichzeitig sozial kooperativ seinen gesellschaftlichen Nutzen kenntlich zu machen. Als Unternehmer seiner selbst nimmt er die Chance wahr, ein selbstbestimmtes Leben zu führen, er bewegt sich, ist lernwillig und entwicklungsfähig und leistet seinen Beitrag für die Gemeinschaft.

Im veränderten Verhältnis von Individuum und Gesellschaft wird das Individuum nicht mehr gegen soziale Risiken abgesichert, es wird nicht mehr als unmündiger Empfänger staatlicher Alimentationen betrachtet, sondern auf gemeinwohlorientiertes Verhalten eingeschworen. Individuelle Risikovorsorge steht somit im gesellschaftlichen Interesse, und die Gesellschaft muss sich gegen jene schützen, die sich dem verantwortlichen Umgang mit den gemeinsamen Ressourcen entziehen.

Arbeitsunwillige, präventionsverweigernde und aktivierungsresistente Menschen verkörpern in dieser Perspektive eine Bedrohung des Sozialen – »ökonomisch als Investitionsruinen und moralisch als Solidaritätsgewinnler« (Lessinich, S. 89). Es gilt, den Einzelnen als selbstverantwortliches, rationales, vorsorgendes Individuum der Gesellschaft zuzuführen, ein prinzipiell unabschließbares Programm, denn ein unternehmerisches Selbst ist man nicht, man soll es werden.

Dies hat weitreichende Konsequenzen für die Ausgestaltung unserer Identität. Entsprechend der Werteentwicklung seit den fünfziger Jahren haben sich die Identitätsentwürfe seit dieser Zeit stark verändert. Identität war in den Nachkriegsjahren bis weit in die sechziger Jahre hinein außenorientiert, das Selbst hatte sich an die Gegebenheiten anzupassen. Die Maxime lautete: Selbstkontrolle – man tut es so! Äußerliche Kriterien wie Geschlecht, Beruf, Rolle und Schichtzugehörigkeit markierten die Identität als Gehäuse. Sie war relativ eindeutig und statisch, stabile Weltbilder sorgten für Orientierung und die Kriterien für Anerkennung waren klar definiert.

Von den siebziger Jahren bis in die neunziger hinein kehrte sich die Außenorientierung in eine Innenorientierung. Das Selbst emanzipierte sich. Die Maxime lautete: Selbstverwirklichung – ich will es so! Ein erster Individualisierungsschub sorgte dafür, dass Individualität und Nonkonformität zum Leitbild der neuen Identitätsentwürfe wurde. Die Suche nach dem wahren Selbst, die Auseinandersetzung mit Identitätskrisen, konkurrierende Weltbilder und Authentizität als Echtheit bildeten deren Elemente.

Im neuen Jahrtausend formieren sich die Identitätsprozesse entlang einer neuen Vermittlung zwischen innen und außen, zwischen Selbst und Umwelt. Die neue Maxime lautet: Selbstmanagement – es entspricht mir! Lebenstilfragen und Zukunftsorientierung stilisieren Identität zu einer Art Erzählung und Selbstinszenierung. Performanz ist die neue Leitlinie: Nicht mehr das, was man können könnte, sondern das Ergebnis, die Wirkung, die erzielt wird, bestimmt den Geltungsbereich anerkannter Identität. Identität wird damit vieldeutig, ebenso wie die Weltbilder eine Patchwork-Struktur aufweisen. Das Kriterium für Authentizität ist nicht mehr die Echtheit, sondern die Stimmigkeit einer Handlung.

Bei aller Selbstinszenierung ist das Individuum allerdings vor die schwierige Frage gestellt, was es denn nun im Innersten zusammenhält. Bei aller Rollenvielfalt ist das »Multioptions-Ich« gezwungen, sich von dem Glauben an eine fixe Identität zu verabschieden. Die Lebenserzählungen werden dadurch fragmentarisch, brüchig, und Anerkennung erlangt unter Umständen nur derjenige, der trotz aller Offenheit, allem Wandel, aller Flexibilität und Metamorphosen ein in sich stimmiges und kohärentes Bild von sich selbst aufrechterhalten kann. Identität wird somit von der Vorstellung eines »wahren Selbst« entkoppelt und als ein dauerndes Ringen um Navigation, Sondierung und Sortierung inmitten unberechenbarer Lebensprozesse betrachtet.

Dieser Druck der Notwendigkeit sich selbst dauernd neu zu erfinden, ist für jeden Menschen – vor allem für die jüngeren – eine große Herausforderung. Sie birgt Chancen und Risiken, sie erzeugt eine erhebliche soziokulturelle Nervosität, eine »Unruhe in den Anpassungsszenarien«, die sich in einer zunehmenden Schwierigkeit im Knüpfen sozialer Beziehungen, bei der Familienplanung und in der Gestaltung der beruflichen Karriere niederschlägt. Eine

»kurzzeitig konfektionierte Zukunft« lässt uns durch die Anforderungen des Alltags eher schlingern als zielstrebig schreiten. Kenneth J. Gergen schreibt zur geforderten Plastizität der Identitätsentwürfe: Es gebe wenig Bedarf für innengeleitete One-style-for-all-Individuen. Solch eine Person sei beschränkt, engstirnig, unflexibel. Das Selbst als Summe seiner Prothesen müsse in Bewegung sein, das Netzwerk sei riesig, die Verpflichtungen seien viele, Erwartungen endlos, Optionen allüberall, und die Zeit sei eine knappe Ware.

Voraussetzung für einen halbwegs gelingenden Identitätsentwurf ist die Fähigkeit, sich selbst zu einem Objekt einer schwierigen Ausarbeitung zu machen, das gegebene Schicksal anzunehmen und es zu gestalten, anstatt sich als den zu belassen, der man ist.

Dies ist keine leichte Angelegenheit, denn in Zeiten widersprüchlicher Verhaltenserwartungen und der Vielfalt möglicher Lebensentwürfe kann man sich in den Untiefen der Orientierungslosigkeit verirren. Ging es den Menschen früherer Zeiten darum, mit Wenigem auszukommen, ist der postmoderne Mensch geradezu genötigt, mit dem Vielen und Allzuvielen umzugehen. Sich auf das Leben verstehen bedeutet nicht nur das Verständnis meines Geworden-Seins, wie wir es im Kapitel über die Vergangenheitsbewältigung beschrieben haben, sondern auch eine Art Selbstpraktik, eine Lebenstechnik, die hilft, aus der Unmenge von Optionen diejenigen auszuwählen, die für ein gelingendes Leben wertvoll sind. Dies geht über die Selbsterhaltung weit hinaus.

Leben-Können heißt dann Lebensführung, indem das eigene Leben auf reflektierte Weise wahrgenommen wird, statt es als Produkt, Opfer und Objekt fremder Mächte und Strukturen zu begreifen. Gerade weil wir als Menschen unfertig auf der Welt sind, muss nicht ein wahres Selbst gesucht und gefunden werden, sondern eine hinreichend gelingende Identität hergestellt und ausgestaltet werden. Selbstfindung wird durch Selbsterfindung abgelöst und ergänzt. Die Art der Lebensführung ist das strukturierende und regierende Moment einer neuen Lebenskunst, die das eigene Leben als Kunstwerk betrachtet und nicht als gottgewollte Leidensgeschichte.

Das bedeutet nicht, dass Schmerz und Leid aus dem Leben verschwinden. Es bedeutet nur, dass der Umgang mit leidvollen Erfahrungen gestaltbar ist und letztlich dem Leben eine neue Wendung geben kann. Berichte von Menschen, die kranke oder todgeweihte Angehörige in ihrem Schmerz begleitet haben, zeigen, wie bereichernd die aktive Auseinandersetzung mit solchen Problemlagen für viele Menschen gewesen ist. Das setzt allerdings Willensentscheidungen voraus, ein Wollen, das die disziplinierte Arbeit an sich selbst und mit sich selbst zum Selbstverständnis einer gelingenden Lebensführung macht.

Hätten die Menschen nicht ständig an sich gearbeitet, an ihrer Gewalttätigkeit, ihren Rachegelüsten, ihrer Grausamkeit, hätten sie nicht daran gearbeitet, Ordnungen herzustellen, Rechte einzuführen, Einrichtungen der Hilfeleistung zu gründen, hätten sie nicht versucht, Ethiken und Lebensregeln zu ersinnen, Gebote, Gesetze, Menschenrechtskonventionen, sie hätten es nicht geschafft, die Fährnisse der Evolutionsgeschichte, ihre eigene, massenhafte Traumatisierung verursachende Gefährlichkeit zu überleben. Diese gilt es nach wie vor zu kennen, zu bändigen, zu überwinden und umzugestalten zu einem friedfertigen Menschenwesen mit all der Fülle von schöpferischen, Kultur und Wissen schaffenden Möglichkeiten (vgl. Petzold 2003).

Hieß es in der antiken Philosophie noch: »Mensch, erkenne dich selbst! Werde, der du bist«, hieße es im Sinne der Lebenskunst: »Mensch, werde, der du sein könntest!« Jemand werden, der man sein könnte, ist ein dauerndes Experiment, ein Experiment, in dem man die Dinge immer wieder in einem neuen Licht sehen muss, in dem man abirren muss von den gewohnten Pfaden, um nicht in den selbstverständlich gewordenen Routinen zu versanden.

Es geht darum, das alltägliche Leben zu bewältigen, den Weg des Lebens zu bestimmen, dem Leben Form zu verleihen – und dies auf gelassene Art und Weise. Das wird uns nicht geschenkt. Innere Ruhe, Gelassenheit und die Heiterkeit des Gemüts bedürfen der Übung im Denken, Fühlen, Wollen, Handeln. Der sinnliche Genuss eines guten Essens, einer zärtlichen Berührung gehört ebenso dazu wie das Vertreiben finsterer Gedanken und das Unterbrechen eines ruhelosen Grübelns. Aus der Emotionsforschung wissen wir, dass die Kontrolle von Gefühlen – vor allem von Wut und starken Trauerreaktionen – sich positiv auf die Bewältigung von Schwierigkeiten auswirkt, während ungezügeltes Ausagieren durchaus zu einer höheren Krankheitsanfälligkeit führen kann. So rät Marc Aurel: »Jammere nicht mit anderen und gerate auch sonst nicht in heftige Erregung.« Und Seneca ergänzt: »Auch im heftigen Unglück gilt es sich so zu verhalten, dass du dem Schmerz nur so viel zugestehst, wie die Natur fordert, nicht die Gewohnheit.«

Selbstregierung in diesem Sinne erzeugt ein Gefühl der Kontrolle und der Wahl, und sie setzt sich dann außer Kraft, wenn die Ereignisse nicht mehr zu steuern sind und es nur noch darum gehen kann, sie zu ertragen. Selbstregierung ist der Versuch, die eigene Souveränität zu schulen und auszubilden. Dafür genügen kleine Übungen wie beispielsweise die allabendliche Tagesrückschau, wie sie schon von Pythagoras und seinen Anhängern praktiziert wurde: »Erlaube nicht, dass der süße Schlaf dir in die Augen kommt, bevor du alle Handlungen des Tages geprüft hast.« Diese »Exerzitien« eignen sich in gleicher Weise für die Tagesvorbereitung. Hier wird der Mensch zu seinem eigenen Coach oder Mentor, indem er die Ereignisse mit heiterer Gestimmtheit vorwegnimmt, auch wenn sie ärgerlich sind.

Gewissen Ereignissen können wir nicht entfliehen, und wir tun gut daran, uns auch auf diese vorzubereiten. Wir müssen uns die Freude am Lebendigen nicht verbieten, weil das Schicksal wieder einmal gnadenlos zugeschlagen hat. Ganz im Gegenteil. Gerade in Zeiten großer Verzweiflung und großen Schmerzes ist es wichtig, den Blick vom Schrecklichen abwenden zu können und dem zuzuwenden, was unsere Seele erfreut und beruhigt. Dies verbindet uns aufs Neue mit dem Wert des Lebendigen, sei es durch die Betrachtung der Natur oder durch das Lesen eines ergreifenden Gedichts.

Selbstregierung bedeutet auch Selbstaneignung, Wissen über sich selbst zum einen und zum anderen das Vermögen, die eigenen Fähigkeiten realistisch einzuschätzen und einzusetzen. Ich nehme mich in meinen Besitz und verantworte alles, was diesen Besitz betrifft. Ich habe gelernt, mir selbst »selbstverständlich« zu werden. Foucault beschreibt es so: »Und das Selbstverstehen, das sich in diesem Selbstbesitz bildet, ist nicht einfach das einer beherrschenden Macht, es ist die Erfahrung einer Freude, die man an sich selber hat. Wer es vermocht hat, endlich Zugang zu sich selbst zu finden, ist für sich ein Gegenstand der Freude« (Foucault 1993).

Selbstbesitz und Selbstregierung münden in die vier Bereiche der Lebensführung: verwaltende Selbstführung, orientierende Selbstführung, gestaltende Selbstführung und gelassene Selbstführung (vgl. Schmid 1998).

Verwaltende Selbstführung

Hier geht es um die Führung der alltäglichen Geschäfte, die so genannte produktive und reproduktive Arbeit: Erwerbsarbeit, Haushaltsführung, die Regelung aller Angelegenheiten, die meistens banal und dennoch unabdingbar sind. Sie stellen die Grundlagen für ein selbstständiges Leben bereit und halten dieses aufrecht. Einkaufen, kochen, waschen gehören ebenso dazu wie den Müll ausleeren, die Steuererklärung bearbeiten, Briefe beantworten usw.

Viele Menschen beurteilen diese Alltagsroutinen negativ, sie seien langweilig, unbefriedigend und ätzend. Welch eine Arroganz gegenüber jenen Handlungen, die einen gewissen Lebenskomfort absichern. Natürlich hat jeder Mensch die Wahl, auf diese Tätigkeiten zu verzichten, die Konsequenz wäre unter Umständen die Vermüllung der Wohnung oder gar ein Besuch vom Gerichtsvollzieher. Wofür Sie sich auch entscheiden, es ist Ihre Wahl und Ihre Verantwortung, mit den Konsequenzen zu leben.

Vermüllung als Ausgestaltung der eigenen Lebensform ist eine Option unter vielen, und es gibt Menschen, die ohne ihr Chaos nicht zufrieden wären. Allerdings berichten die meisten Menschen von einer wohligen Zufriedenheit, wenn sie jene Dinge abgearbeitet haben, die man normalerweise vor sich herschiebt: Steuererklärung abgeben, Rechnungen begleichen, unangenehme Gespräche führen usw. Betrachtet man die Selbstregierung unter ästhetischen Gesichtspunkten, so ist die Gestaltung des Nahraumes und der Dinge, die sich darin befinden, ihr wichtigstes Element. Denn gerade dieser Nahraum ermöglicht Gestaltungsspielräume. Er ist die Sphäre, in der wir am stärksten den eigenen Einfluss geltend machen können. Und er ist jene Sphäre, in der wir am wirkungsvollsten Experimente der Selbstregierung durchführen können.

Dabei geht es nicht so sehr darum, dauernd Neues zu kreieren, sondern bestimmte Handlungen zu unterlassen. Sie werden überrascht sein, welche Wirkung dies entfaltet und wie stark Gewohnheiten unser Verhalten bestimmen. Selbstüberwindung setzt dort ein, wo wir bereit sind, Routinen in Frage zu stellen, und damit riskieren, in ein gewisses Vakuum zu fallen, das neu zu füllen ist. Letztendlich ist es eine Frage des Wertes, den Sie einer Veränderung oder Erweiterung Ihrer Alltagsroutinen beimessen.

Mancher Leser wird in der Ausgestaltung seiner Alltäglichkeiten schon ein Maß der Ästhetisierung erreicht haben, das nicht zu toppen ist. Möglicherweise geht es dann darum, eben nicht hinter jedem Fleck herzuwischen oder beim Besuch von Freunden keine Edeltischdecke aufzulegen oder den Spitzenwein zu kredenzen. Zwischen einer Ästhetik der Vermüllung und dem Kunstwerk pedantischer Sauberkeit und Ordnung liegt ein riesengroßes Spielfeld der Möglichkeiten. Aufregend wird es an der Stelle, wo man sich die Vielfalt der Optionen aneignet, sozusagen »polyphren« wird, vielgestaltig, optional, mit Entwürfen spielend, unvollendet, angreifbar und menschlich in einem neuen Sinne. Der Alltag als Übungsfeld für die Techniken der Selbstausformung eignet sich deshalb dafür, weil er der einzige Lebensbereich ist, über den wir vollkommen verfügen.

Orientierende Selbstführung

Die Regierung des Selbst beinhaltet darüber hinaus die Ausrichtung des eigenen Lebens auf einen erweiterten Horizont. Wie will ich in zehn Jahren leben? Was gibt mir wirklich Erfüllung? Was ist das Wesentliche in meinem Leben? Wofür möchte ich all meine Energie aufbringen? Dies alles sind Fragen, die dem Leben eine Orientierung, eine Richtung verleihen sollen.

Meist sind wir dermaßen in die Handlungen unserer Alltagsroutinen verstrickt, dass uns der Sinn und Zweck unseres Tuns bisweilen abhanden kommt. Wir sitzen beispielsweise stundenlang vor einer Liste von E-Mails, lesen eine Menge kommunikativen Schrott, nehmen dies als selbstverständlich hin und klagen beim Mittagessen über die Sinnlosigkeit dieser Arbeit. In der extremen Variante führt eine solche Situation dazu, dass der Betreffende ärgerlich und ungehalten wird. Das Bewusstsein folgt den Regungen und beschäftigt sich im Folgenden nur noch mit dem eigenen emotionalen Zustand. Die Energie wird der Aufgabe entzogen und schlimmstenfalls darauf verwendet, sich über den eigenen Ärger zu ärgern. Eine klare Vorstellung darüber, wie Sie ökonomisch und komfortabel mit E-Mails umgehen wollen und welche Erwartungen an die potenziellen Versender geknüpft sind, würde das Geschehen entschärfen. Das setzt allerdings voraus, sich planend mit dem auseinander zu setzen, was das Wesentliche ist und das Dringliche weitgehend zu reduzieren.

Orientierende Selbstführung benötigt einen Raum des Vor- und Nachdenkens über einen maßvollen Umgang mit den vorhandenen Ressourcen. Das Wesentliche wiederum ist das, was uns das Leben lebenswert macht, es sind die grundlegenden Werte und die daraus abgeleiteten Prinzipien, nach denen wir unser Handeln ausrichten. Möglicherweise klingt der Begriff »Prinzipien« antiquiert, doch zeigt unsere Erfahrung, dass Menschen mit (realitätsangemessenen) Prinzipien sich in ihrem Leben besser beheimatet fühlen als jene, die sich in einem Wertevakuum befinden und ihr Segel in den Wind hängen, aber nicht genau wissen, wohin sie segeln wollen.

Gestaltende Selbstführung

Das Leben nach eigenen Vorstellungen zu gestalten, ist ein großes Vorhaben, da die Mittel dazu begrenzt sind. Nicht jeder hat einen Beruf, der ihm finanziell einen großen Gestaltungsspielraum zugesteht. Doch auch jemand, der sich dafür entscheidet, eine Familie zu gründen und mit weniger Geld auszukommen, ist sich selbst in seinen Werten und Lebensprinzipien näher als derjenige, der wenig hat, viel will, mit nichts zufrieden ist, immer klagt und nie dort ankommt, wo er glaubt ankommen zu können, wenn man ihn nur ließe. Vielleicht ist auch dies eine Lebensform, die Würdigung verdient, zumindest dann, wenn sich der Betreffende bewusst dafür entscheidet.

Philosophisch gesprochen geht es darum, mit dem »vorgefundenen Material des Lebens« gestaltend umzugehen, um aus dem Vorfindbaren eine Form zu gewinnen, die annehmbar ist. Dieser Prozess, der nie schmerzfrei vollzogen werden kann, weil die vorgefundenen Bedingungen sich unserem Einfluss entziehen, ist Arbeit, manchmal spielerisch leicht, bisweilen anstrengend, aber immer lohnend. Wie schwer dies manchmal sein kann, wissen die Menschen, die versuchen, mit dem Rauchen aufzuhören, ihr Gewicht zu reduzieren und regelmäßig Sport zu treiben. Hier ist der eigene Körper auszuformendes »Lebensmaterial«, dem Menschen das nächste. Doch vielen Menschen ist dieser Körper fremd geworden, sie spüren sich nicht mehr oder nur noch über den Schmerz oder an der Grenze ihrer körperlichen Leistungsfähigkeit. Der gestaltende Umgang mit ihm beginnt deshalb beim Wahrnehmen, beim Tasten, Fühlen, Riechen, Schmecken, Hören, Sehen, weil unsere Wahrnehmungsfähigkeit sozusagen »das Fenster zur Welt« bildet.

Die Kultivierung unserer Sinne ist quasi der Anfang der gestaltenden Selbstführung, wie wir dies im Kapitel über das Essen und Trinken ausgeführt haben. Es geht eben nicht darum, den Körper ohne Bewusstsein und ohne Empfindung auf Höchstleistung oder perfektes Aussehen zu trimmen, sondern sensibel zu werden für die leisen Töne, für die Signale der Erschöpfung ebenso wie für die Funktions- und Bewegungslust. Aus diesem genauen Hinhören und Hinspüren entwickelt sich eine differenzierte Form der Ausgestaltung, weil sie sich an den naturgegebenen Bedürfnissen des Körpers und seinen biologischen Rhythmen orientiert und nicht am Ideal seiner Vollkommenheit.

Das Gewahr-Werden hilft anzuerkennen, was ist. Der Realität des eigenen »So-Seins« zu entfliehen ist ebenso unsinnig wie das passive Empfangen des eigenen Schicksals – selbst wenn wir feststellen müssen, dass wir im Leben immer wieder auf uns selbst stoßen, dass wir uns Großes vornehmen, aber oft nicht von der Stelle kommen und manchmal von allem genug haben.

Gestaltende Selbstführung kann zu einem wirklich abenteuerlichen Experiment werden, wenn wir unsere Konsumgewohnheiten überdenken lernen. Stellen Sie sich vor, Sie kaufen und konsumieren nicht mehr ausschließlich unter der Maxime des günstigsten Preises, des besten Image eines Produkts usw., sondern unter der Maxime der Wirkung, die Sie mit dem Kauf erzielen. Stellen Sie sich weiterhin vor, Sie wollen mit dem Kauf Einfluss nehmen auf die Art und Weise, wie Produkte hergestellt werden, Sie wollen Einfluss nehmen auf die gelebte Unternehmensethik, auf die Personalpolitik, auf das Umweltmanagement eines Unternehmens, dann wäre es sinnvoll, dort zu kaufen, wo Sie Ihre Vorstellungen eines positiven Unternehmens am besten realisiert sehen. Das setzt voraus, dass Sie sich bei dem Erwerb von Dingen oder Dienstleistungen nicht nur mit den Produkten beschäftigen, sondern mit dem Unternehmen als Ganzes.

Vielen Menschen ist nämlich nicht bewusst, dass mit ihrem Geld unverschämte Abfindungen geleistet werden, Mitarbeiter ohne erkennbare wirtschaftliche Not entlassen werden, die Umwelt verpestet oder gar Kinderarbeit in der Dritten Welt unterstützt wird. Wir möchten als Konsumenten erkennen können, was ein Unternehmen, dessen Kunde wir sind, mit dem erwirtschafteten Mehrwert leistet. Investiert dieses Unternehmen in Arbeitsplätze oder in die Ausbildung junger Menschen? Wird ressourcenschonend gewirtschaftet? Was tut ein Unternehmen für sozial Schwache? Welche Verantwortung übernimmt das Unternehmen für die Unterstützung des kulturellen Lebens? Welches Maß an Wachstum liegt der Unternehmenspolitik zugrunde? Wie viel Kapital fließt in eine seriöse und verlässliche Kundenbetreuung? Was tut ein Unternehmen für die Qualifizierung und Betreuung seiner Mitarbeiter im Hinblick auf Weiterbildung und Gesundheitsvorsorge?

Wir möchten erkennen können, ob die gelebten Werte eines Unternehmens, dessen Kunde wir sind, unseren Werten entsprechen. Wir möchten nicht mehr geblendet werden durch vollmundige Versprechungen oder Hochglanzbroschüren, die uns glauben machen wollen, wir könnten ebenso glänzen, wenn wir dieses Produkt besäßen. Wir möchten Aufrichtigkeit und Wahrhaftigkeit im Umgang mit uns als Kunden und nicht das Gefühl, als Melkkuh abgeschröpft zu werden.

Stellen Sie sich vor, es gäbe so etwas wie eine Solidarität der Konsumenten. Keine Macht könnte nachhaltiger auf wirtschaftliche Entwicklungen einwirken als die Solidarität der Konsumenten. Deshalb: Konsumenten aller Länder, vereinigt euch! Natürlich ist dies eine völlig absurde Vision – oder auch nicht.

Gestaltende Lebensführung heißt dann konsequenterweise, aus dem Konsum und dem Konsumieren ein planendes, vorausschauendes Ereignis zu kreieren, einen kunstvoll gestalteten Event, der sich mit Hintergründen und Entwicklungsgeschichten jener Dinge beschäftigt, die wir unser Eigen nennen wollen. Welch soziale Vision, wenn wir vor dem Kauf eines neuen Autos uns mit Freunden zusammensetzen und nicht nur über PS-Zahlen und Benzinverbrauch philosophieren, sondern ebenso Wissen austauschen, das wir über die jeweiligen Konzerne ausfindig machen konnten.

Unternehmensrating durch den Kunden anstelle der Chromlügen, Produktbiografien statt Image-Kauf, Herkunftswissen anstelle von »Geiz ist geil«. Wenn man weiß, wie beispielsweise einige Autokonzerne mit Knebelverträgen ihre Händler unter Druck setzen, dann muss man vom Kauf eines solchen Fabrikats abraten, es sei denn, man möchte den Händler am Leben erhalten.

Es gibt unendlich viele Gelegenheiten, aktiv gestaltend in den Prozess des Lebens einzugreifen. Ein bisschen Mut, Gelassenheit und Veränderungswille genügen, um dem Projekt des eigenen Lebensentwurfs eine persönliche Note zu verleihen. Dafür von allen geliebt zu werden oder gar bewundert ist eine zu hohe Erwartung. Anerkennung genügt.

Gelassene Selbstführung

Schließlich gehört zur Lebensführung und Selbstregierung das gezielte Lassen. Man kann nicht den ganzen Tag gestaltend, modellierend sich selbst erfinden. Es ist nicht möglich, sich in einer Art unbarmherzigen Aktionismus dem Terror der Selbstgestaltung zu unterwerfen. Das Selbst würde sich haltlos überfordern, würde es sich die Führung seiner selbst und seines Lebens unablässig abverlangen. Dies führt eher zu Erschöpfung oder gar psychosomatischer Erkrankung. Zur Lebensführung gehört daher, sich selbst und die Dinge gelegentlich auf sich beruhen zu lassen.

Bisweilen ist es sogar notwendig und durchaus entlastend, sich von anderen führen zu lassen, sich nicht darum kümmern zu müssen, in welchen Film man am Abend geht oder welches Restaurant geeignet wäre, um die Schwiegereltern auszuführen. Sich führen lassen von Tagträumen, von einer Leidenschaft, die einen überkommt, von Impulsen, die das Kalkül und die Planung durchbrechen, oder auch von guten Freunden gehört ebenso zur Selbstführung wie das aktive Gestalten und Wirken auf konkrete Lebensziele hin. Auch hier ist wieder zu betonen, dass sich aus dem Entweder-Oder ein Sowohl-als-Auch entwickeln kann. Sowohl den Biss und die Entschlossenheit bei der Bewältigung eines Problems walten zu lassen als auch das rechtzeitige Erkennen, wann die Kräfte verschwendet werden und die Bemühungen zu keinem erwünschten Ergebnis führen. Da sind dann Fünfe gerade, und eins und eins ist eins.

Möglicherweise sind dies jene Momente im Leben, in denen so etwas wie ein Glücksgefühl aufsteigt, Momente, in denen mit heiterer Stimmung und vollem Wohlwollen die Dinge so sein dürfen, wie sie sind. Die Anerkennung und Würdigung des Da-Seins ohne Gestaltungszwang bildet somit sowohl eine wesentliche Voraussetzung als auch ein Ergebnis gelungener Selbstregierung. Schwierigkeiten erscheinen in solchen Zuständen in einem rosaroten Licht. Sie gehören einfach dazu, und ihre Bearbeitung wird auf einen Zeitpunkt gelegt, an dem das Selbst vital genug ist, den Anforderungen standzuhalten.

Literaturhinweise

Assmann, Jan: Ma'at. Gerechtigkeit und Unsterblichkeit im alten Ägypten. München 1990.

Baecker, Dirk: Postheroisches Management. Ein Vademecum. Berlin 1994.

Böhme, Rolf: Je mehr wir haben, desto mehr haben wir zu wenig. Bemerkungen aus dem politischen Alltag. Bonn 1993.

Foucault, Michel: Der Staub und die Wolke. Vorlesungen zur Analyse der »Macht«. Grafenau/Württemberg 2. Auflage 1993.

Gergen, Kenneth J.: Das übersättigte Selbst. Identitätsprobleme im heutigen Leben. Heidelberg 1996.

Haustein, H. D.: Weltchronik des Messens. Berlin 2001.

Laotse: Tao te King. Das Buch des Alten vom Sinn und Leben. Aus dem Chinesischen ins Deutsche übertragen und erläutert von Richard Wilhelm. München 2004.

Lessenich, Stephan: Soziale Subjektivität. Die neue Regierung der Gesellschaft. In: Mittelweg 36, 4/2003.

Nadolny, Sten: Die Entdeckung der Langsamkeit. München 2003.

Neuberger, Oswald: Arbeit. Begriff, Gestaltung, Motivation, Zufriedenheit. Stuttgart 1985.

Perec, Georges: Die Dinge. Bremen 2001.

Petzold, Hilarion/Johanna Sieper (Hrsg.): Der Wille in der Psychotherapie. 2 Bände. Göttingen 2003.

Reich, Robert B.: Die neue Weltwirtschaft. Das Ende der nationalen Ökonomie. Frankfurt/Main 1993.

Rühle, Axel: Das große Fressen und Gefresssenwerden. In: Süddeutsche Zeitung vom 4. 11. 2003.
Schneider, Peter: Die Diktatur der Geschwindigkeit. Ausflüge, Zwischenrufe. Reinbek 2001.
Schmid, Wilhelm: Philosophie der Lebenskunst. Eine Grundlegung. Frankfurt/Main 1998.

Aktuelle Themen im dtv

Olaf Baale
Die Verwaltungsarmee
Wie der Staat ruiniert wird
ISBN 3-423-24412-7

Wolfgang Benz, Ute Benz
Jugend in Deutschland
Opposition, Krisen und Radikalismus zwischen den Generationen
ISBN 3-423-34027-4

Colin J. Campbell
Ölwechsel!
Das Ende des Erdölzeitalters und die Weichenstellung für die Zukunft
Übers. v. H. Roth
ISBN 3-423-24321-X

Jim Collins
Der Weg zu den Besten
Die sieben Management-Prinzipien für dauerhaften Unternehmenserfolg
Übers. v. M. Baltes und F. Böhler
ISBN 3-423-34039-8

Hans-Peter Dürr
Für eine zivile Gesellschaft
Beiträge zu unserer Zukunftsfähigkeit
ISBN 3-423-36177-8

Viviane Forrester
Die Diktatur des Profits
Übers. v. T. Scheffel
ISBN 3-423-36281-2

Francis Fukuyama
Der große Aufbruch
Wie unsere Gesellschaft eine neue Ordnung erfindet
Übers. v. K. Dürr und U. Schäfer
ISBN 3-423-36271-5

Das Ende des Menschen
Übers. v. K. Kochmann
ISBN 3-423-34070-3

Mario Gmür
Der öffentliche Mensch
Medienstars und Medienopfer
ISBN 3-423-36260-X

Robert Greene
Power
Die 48 Gesetze der Macht
Übers. v. H. Schickert und B. Brandau
ISBN 3-423-36248-0

Die 24 Gesetze der Verführung
Ein Joost-Elffers-Buch
Übers. v. H. Schickert
ISBN 3-423-34081-9